海外で建築を仕事にする2

都市・ランドスケープ編

編著 福岡孝則

著 別所力
戸村英子
吉村有司
原田芳樹
保清人
會澤佐恵子
長谷川真紀
石田真実
小川愛
渡辺義之
木藤健二郎
遠藤賢也
小笠原伸樹
鶴田景子
金香昌治

学芸出版社

Contents

パブリック・オープンスペースを形にする …… 10
別所力／James Corner Field Operations

建築とランドスケープをシームレスにつなぐ …… 26
戸村英子／junya.ishigami+associates

テクノロジーとモビリティをデザインする …… 43
吉村有司／laboratory urban DECODE

ニューヨークで動き出す大都市の生態学 …… 60
原田芳樹／Cornell University

ランドスケープ武者修行 …… 77
保清人／LOSFEE CO.,LTD.

トロピカル・ランドスケープデザイン …… 90
會澤佐恵子／Salad Dressing

測量とヒアリングから始める—アフリカ時間に身をゆだねて …… 106
長谷川真紀／JICA

中国的公共空間との格闘 …… 123
石田真実／E-DESIGN

プレイスメイキング—メルボルン流コミュニティデザイン …… 139
小川愛／Village Well

街は劇場、人こそが主役—ポートランドの都市デザイン …… 155
渡辺義之／ZGF Architects LLP

北欧の町で知ったサステイナビリティ …… 170
木藤健二郎／Ramboll Group Stavanger

環境のキュレーション—見えない流れを可視化する …… 183
福岡孝則／Kobe University / Fd Landscape

急成長の熱帯都市をつくる—アジア流アプローチ …… 199
遠藤賢也／Atelier Dreiseitl asia

都市計画に踏み込む建築—ダッチ・アーバニズムの先 …… 214
小笠原伸樹／Nikken Sekkei LTD

都市の余白に何が描けるか …… 230
鶴田景子／Wallace Roberts & Todd, LLC

パブリックスペースのデザインは、答えのない複雑なパズル …… 246
金香昌治／Nikken Sekkei LTD

Stavanger
Rotterdam
Paris
Überlingen
Barcelona
Shanghai
Singapore
Zanzibar
Sydney
Melbourne

まえがき —— Towards Terra Incognita（見果てぬ土地へ）

本書は、世界12カ国・15都市で、建築・都市・ランドスケープという果てしないフィールドをデザインする仕事に挑戦している日本人16名のストーリーを集めたものである。

著者たちのなかには、銀行マンから建築へ転向した人もいれば、パブリックアートからコミュニティデザイン、建築からランドスケープ、そして都市デザインへと皆、活動領域を拡げている。いずれも人生の流れの中で自ら決断し、海外の見果てぬ土地へ飛び出し、その地域での生活や働き方を模索してきた道筋、場所、人間関係を描いている。

都市・ランドスケープのデザインは、庭や、公園・緑地などのパブリックスペース、街区規模の都市デザインなど、オープンなシステムのデザインである。そこでは、土地の地形や植生、水の流れ、道や建物の配置から、そこでの人の在り方まで、時間の流れの中で変化する生きた媒体に向き合う。それこそが、この仕事の醍醐味だ。

これからの不確実な未来を考える上で求められるのは、新しいタイプのプロフェッショナルだ。想像力が豊かで、領域を超えた生態的な思考力、プロセスや時間に伴う変化をデザインに取りこむ調律力が必要とされている。

ではどのように、そんなプロフェッショナルに近づくことができるのだろうか？

そのヒントとして、本書では、刻々と世界中で起きている変化に向き合う著者たちの経験を、現場からの話を中心に綴ってもらった。彼らが、いつ、どこで、何に、どのように向き合ったのか？　ホテル・ロビーの石庭から、ロンドンのオリンピック公園、バルセロナの交通システム、そしてマンハッタンの屋上で展開される都市生態学の実験まで、彼らの経験を通して描写される世界から、都市・ランドスケープの仕事の面白さや可能性が伝わってくるはずだ。

また、本書で紹介するのは、日本という島国から飛び出し、海外で武者修行をして戻ってきたという定番の話ではない。16名のうち、帰国したのは6名、残りは今も海外で奮闘中、現在進行中のストーリーである。

Terra Incognita（見果てぬ土地）という言葉がある。まだ人に知られず開拓されていない土地、見果てぬ場所に向けて人生を旅する著者たちの体験から刺激を受けて、新たな一歩を踏み出すきっかけにして頂ければ著者一同、望外の喜びである。

２０１５年８月

福岡孝則

戸村英子《とむら・えいこ》

junya.ishigami+ associates

ランドスケープ・デザイナー。

石上純也建築設計事務所所属。

1978年東京都生まれ。

工学院大学工学部都市建築デザイン学科卒業。

ペンシルバニア大学大学院ランドスケープ専攻修了。

2007年Wallace Roberts &Todd事務所勤務。

2007-2012年Mosbach Paysagistes勤務。

2012年より現職。

主なプロジェクトに〈ルーブル・ランス〉〈台中・ゲートウェイ・パーク〉など。

海外勤務期間／5年半(フィラデルフィア、パリ)
初給料／5万5000米ドル/年
好きな場所／Skogskyrkogården、森の墓地
座右の銘／堅忍質直

別所力《べっしょ・つとむ》

James Corner Field Operations

ランドスケープ・アーキテクト。

ジェームズ・コーナー・フィールド・オペレーションズ所属。

米国公認登録ランドスケープアーキテクト。

1978年東京都生まれ。

東京大学農学部緑地環境学科卒業。

ペンシルバニア大学大学院ランドスケープ専攻修了。

2002-2003年凰コンサルタント景観デザイン研究所勤務。

2006年より現職。

主なプロジェクトに〈シティー・センター〉〈ロンドン・オリンピック・パーク〉〈シェルビー・ファームズ・パーク〉など。

海外勤務期間／10年(フィラデルフィア、ニューヨーク)
初給料／時給20米ドルぐらい
好きな場所／イーグル・ロック・リザベーション
座右の銘／今を生きる ©James Corner Field Operations

原田芳樹《はらだ・よしき》

Cornell University

研究者(都市生態学)。

コーネル大学総合植物科学部研究助手、及び同都市緑化研究所所属。OAP(Office of Applied Practices Inc.) 代表
1979年島根県生まれ。

早稲田大学理工学部建築学科卒業。東京大学大学院学際情報学環(住宅都市解析研究室)、及びハーバード大学デザイン大学院ランドスケープ専攻修了。2007年よりジェームズ・コーナー・フィールド・オペレーションズ勤務。イェール大学森林科学部研究助手、ハーバード大学デザイン大学院客員講師を経て2013年より現職。

主なプロジェクトに〈コロンビア大学マンハッタンビラ新キャンパス〉〈レースストリート公園〉など。

海外勤務期間／9年(ニューヨーク、ニューヘイブン、イサカ)
初給料／4万9000米ドル/年
好きな場所／ブルックリン・グレンジ屋上菜園
座右の銘／木を見て森を見ず

吉村有司《よしむら・ゆうじ》

laboratory urban DECODE

建築家。

laboratory urban DECODE共同代表、マサチューセッツ工科大学SENSEable City Lab Research Affiliate。

1977年愛知県生まれ。

中部大学工学部建築学科卒業。カタルーニャ工科大学にてDEA(Diploma of Advanced Studies)取得。

バルセロナ現代文化センター勤務を経て、2005年からバルセロナ都市生態学庁、2009年からカタルーニャ州政府先進交通センター勤務。2014年から現職。

主なプロジェクトに〈グラシア地区歩行者計画〉〈ルーヴル美術館来館者調査〉など。

海外勤務期間／15年(バルセロナ、ボストン)
初給料／週末にちょっといいレストランで食事をし、1ヶ月に1回くらい旅行しても日々の生活に困らない程度
好きな場所／家の近くのカフェ(夏場のテラス席はなお良い)
座右の銘／ー

會澤佐恵子《あいざわ・さえこ》

Salad Dressing

ランドスケープ・デザイナー。

一級建築士。サラダ・ドレッシング 所属。

1981年東京都生まれ。

日本女子大学住居学科卒業、同大学院修了。在学中の2004年にMIT教授主催のThe Veneto Experienceに参加。翌年同プログラムをTAとしてサポート。

2006-2012年UG都市建築(建築設計部)勤務。

2012年より現職。

主な担当作品に〈アマン東京/石のアートワーク〉〈おじぎ草の夢〉など。

海外勤務期間/ 3年(シンガポール)
初給料/ 就労ビザに必要な額+α
好きな場所/ ブリオン・ベガ墓地(カルロ・スカルパ)
座右の銘/ 大切なものは目に見えない(サン=テクジュペリ)
芸術とは目に見えるものを再現することではない(パウル・クレー)

保清人《たもつ・きよひと》

LOSFEE CO., LTD.

ランドスケープ・デザイナー。

(株)ロスフィー東京事務所所長、工学院大学非常勤講師。

1981年鹿児島県生まれ。

工学院大学建築学科、池坊お茶の水文化学院卒業。

王立コペンハーゲン大学ランドスケープ修士課程、スウェーデン農業科学大学ランドスケーププランニング修士課程修了。2007-2008年 McGregor Coxall、2008-2009年 TaylorBrammer landscape architects勤務。2009年より現職。

主なプロジェクトに〈オーストラリア国立美術館〉〈マルヤガーデンズソラニワ〉〈地中別荘ヴィラファニー〉など。

海外勤務期間/2年(シドニー)
初給料/ 3万8000豪ドル/年
好きな場所/ マンリービーチ
座右の銘/ The Sky is the limit. (撮影: 鈴木竜馬)

石田真実《いしだ・まみ》

E-DESIGN

ランドスケープ・デザイナー。

株式会社E-DESIGN 所属。

1985年京都市生まれ。

立命館大学理工学部建築都市デザイン学科卒業。

2008年よりE-DESIGN勤務。2011年2月より同社上海事務所の立ち上げに際し、拠点を移す。

主な担当プロジェクトに〈難波再開発C街区〉〈トラッド目白〉〈青島万科城合肥路ストリートスケープ〉〈上海震旦国際大楼改修計画〉など。

海外勤務期間/2年5ヶ月(上海)
初給料/ 日本の給与+手当
好きな場所/ 鴨川河川敷、空港
座右の銘/ すべての出来事は、すべてが未来への糧になる

(撮影: 足立真琴)

長谷川真紀《はせがわ・まき》

JICA

国際協力機構(JICA)社会基盤・平和構築部
都市・地域開発グループ第一チーム
1982年千葉県生まれ。
東京農業大学地域環境科学部造園科学科卒業。
スイス連邦工科大学院MAS LA(Master of Advanced Studies in Landscape Architecture ETH Zurich)修了。2011-2013年JICAの青年海外協力隊としてタンザニアに2年間派遣される。2014年より現職。

海外勤務期間/2年(タンザニア・ザンジバル島)
初給料/ 約60万タンザニアシリング(生活費/月)
好きな場所/ Jaws Corner他ストーンタウン内のオープンスペース(ザンジバル)
座右の銘/ 継続は力なり

渡辺義之《わたなべ・よしゆき》

ZGF Architects LLP

建築家兼アーバン・デザイナー。

ZGF建築事務所アソシエート・パートナー。

1966年東京都生まれ。

慶應義塾大学経済学部卒業。マサチューセッツ工科大学建築学部修士課程修了。1989年より国内の金融機関に勤務。1998年Kallmann McKinnell & Wood建築事務所に入所。2006年より現職。

主なプロジェクトに〈オレゴン大学ジャクア・アカデミック・センター〉(2011年度米国建築家協会賞受賞)、〈柏の葉イノベーションキャンパス〉など。

海外勤務期間／17年(ボストン、ポートランド)
初給料／3000米ドル/月
好きな場所／ポートランドのジェイミソン・スクエア
座右の銘／敬天愛人

小川愛《おがわ・あい》

Village Well

プレイスメイキングコンサルタント／アーバン・デザイナー。

ビレッジウェル シニアプレイスメーカー。

1980年東京都生まれ。

コロンビア大学工学部卒業。メルボルン大学アーバンデザイン修士課程修了。2004−2007年タウンアート勤務。2007年渡豪。2007−2008年メルボルン市パブリックアートプロジェクトオフィサー、2008−2012年VicUrban(現Places Victoria)文化インフラマネジャーを経て、2013年より現職。

主なプロジェクトに、〈ポートヘッドランド空港&ウォーターフロント〉〈ニューキャッスル大学〉など。

海外勤務期間／8年(メルボルン)
初給料／約3万1000豪ドル/年
好きな場所／ビクトリア州立図書館の前庭
座右の銘／為せば成る

福岡孝則《ふくおか・たかのり》

Kobe University / Fd Landscape

ランドスケープ・アーキテクト。

Fd Landscape 主宰。

神戸大学・持続的住環境創成講座(積水ハウス)特命准教授。

米国公認登録ランドスケープアーキテクト。

1974年神奈川県生まれ。

東京農大大学院造園学専攻、ペンシルバニア大学大学院ランドスケープ専攻修了。2003年-Hargreaves Associates、2005年-Gustafson Guthrie Nichol勤務を経て2009年-ドイツのAtelier DreiseitlのPMとして中東やアジアの持続的都市・環境デザインプロジェクトを担当。2012年より現職。

主なプロジェクトに〈Zayed国立美術館ランドスケープ〉〈パース市リバーフロント〉〈コートヤードHIROO〉など。

海外勤務期間／9年(サンフランシスコ、シアトル、ユーバーリンゲン)
初給料／3200米ドル/月
好きな場所／ドイツ・ボーデン湖畔の水泳場
座右の銘／Water is the driving force of all nature
(レオナルド・ダ・ヴィンチ)

木藤健二郎《きとう・けんじろう》

Ramboll Group Stavanger

ランドスケープ・デザイナー。

ランボルグループ・スタバンゲル支社所属。

中央大学理工学部人間総合理工学科・客員研究員。

1978年埼玉県生まれ。

慶應義塾大学SFC政策・メディア修士課程、カリフォルニア大学バークレー校ランドスケープ・アーキテクチャー修士課程修了。2003-2010年タム地域環境研究所及びWAS Design Office勤務。2012年RHAAサンフランシスコ支社勤務。2013年より現職。

主なプロジェクトに〈メンズ・ウェアハウス本社〉〈ハーガヴェスト住宅地〉など。

海外勤務期間／4年(西安、サンフランシスコ、スタバンゲル)
初給料／時給20米ドル
好きな場所／道
座右の銘／住めば都

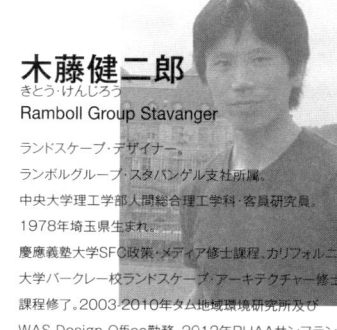

小笠原伸樹《おがさはら・のぶき》

Nikken Sekkei LTD

都市デザイナー。

株式会社日建設計所属。

1981年岡山県生まれ。

早稲田大学理工学部建築学科卒業。

イェール大学建築学部修士課程修了。

2007年 OMA(オランダ、ロッテルダム)でインターン。

2008-2014年Maxwan建築都市計画事務所(オランダ、ロッテルダム)勤務。2014年より現職。

主なプロジェクトに〈レイデン市駅前地区再開発〉〈デン・ハーグGIT地区住宅地区計画〉など。

海外勤務期間/6年(ロッテルダム)
初給料/ 450ユーロ/月
好きな場所/ オランダ・レイデン市旧市街区の水路沿いの道
座右の銘/人間万事塞翁が馬

遠藤賢也《えんどう・けんや》

Atelier Dreiseitl asia

ランドスケープ・アーキテクト。

Atelier Dreiseitl asia所属。

1984年東京都生まれ。

東京大学農学部卒業。同大学院修了。ハーバード大学デザイン大学院ランドスケープ専攻修了後、2013年より現職。

シンガポールにて環境デザインに従事。

在学中にAtelier Dreiseitl(シンガポール)とWest8(オランダ・ロッテルダム)にてインターン。

主なプロジェクトに〈ビシャンパーク〉〈ジュロン・エコガーデン〉など。

海外勤務期間/2年半(シンガポール)
初給料/ 数千シンガポールドル/月
好きな場所/ シンガポール・セントーサ島タンジョンビーチの夕暮れ
座右の銘/ Just hang in there

金香昌治《かねこ・しょうじ》

Nikken Sekkei LTD

アーバンデザイナー/ランドスケープアーキテクト。

(株)日建設計都市デザイングループ所属。

1980年大阪府生まれ。

京都工芸繊維大学造形工学科卒業。ワシントン大学大学院ランドスケープ学科修了。2005-2011年までGustafson Guthrie Nichol勤務。2012年より現職。

主なプロジェクトに〈ビル&メリンダ・ゲイツ財団キャンパス〉〈ワシントン大学レーニアビスタ〉〈上海西岸メディアポート〉〈柏の葉イノベーションキャンパス〉など。

海外勤務期間/6年半(シアトル)
初給料/ 3万8000米ドル/年
好きな場所/ ガスワークスパーク、モエレ沼公園
座右の銘/ 為せば成る・Where there is will, there is a way

鶴田景子《つるた・けいこ》

Wallace Roberts & Todd, LLC

ランドスケープ・アーキテクト。

Wallace Roberts &Todd事務所プリンシパル。

一級建築士。米国公認登録ランドスケープアーキテクト。

1969年東京都生まれ。

芝浦工業大学工学部建築学科修士課程、ペンシルバニア大学大学院ランドスケープ専攻修了。1994年より竹中工務店勤務。2002年SOM勤務。2003年Thomas Balsley Associates、2004年に現事務所に移籍し、2015年より現職。

主なプロジェクトに〈ベスレヘムスチールスタックスキャンパス〉〈第一生命新大井事務所ランドスケープ〉など。

海外勤務期間/12年(ニューヨーク、フィラデルフィア)
初給料/ 3万8000米ドル/年
好きな場所/ ビルの屋上
座右の銘/ Less is more

〈オリンピック・パーク〉噴水の中で水しぶきをあげて走る子どもたち
(©James Corner Field Operations)

10 パブリック・オープンスペースを形にする

–New York, U.S.A

別所力
James Corner Field Operations

人造湖

メンフィスでの出張を終え、ＮＹへ向かう機上、窓から外を眺めると、そこには夕焼けに照らされた、アメリカはミッドウエストの広大なランドスケープが広がっている。FedExをはじめ物流企業が集まる町、メンフィスはブルースの生まれた場所とも言われている。良質なクラブやバーで賑わうダウンタウンでビールを片手に本場のブルースに耳を傾ける。仕事の後にそんな時間を過ごせるのも、メンフィス出張の楽しみのひとつだ。

この町で足掛け5年ほど関わっている、〈シェルビー・ファームズ・パーク〉のプロジェクトが進行中である。今回は、建設現場監理とクライアント、コントラクター、コンサルタントとの打ち合わせが目的だった。

このプロジェクトは、1970年代にオープンした都市公園の改修工事である。ここ最近アメリカでは、既存の公園に手を加えるプロジェクトが増えており、〈シェルビー・ファームズ・パーク〉もそのひとつだ。改修内容を一言で言うと人造湖をつくっている。しかも、東京ドーム8個分という、都市公園にしては破格のスケールだ。穴を掘って、ダムをつくり、水を流す。それは、子どものころ夢中になって遊んだ砂遊びを、数百倍スケールアップしたような感覚だ。

着工から1年が経ち、湖の輪郭、その周りの一連のマウンドが姿を現してきた。造成工事が一段落すれば、植栽、舗装、照明、ファニチャー、そして建築といったレイヤーが造成された敷地に組み込まれる。そして、広大な敷地内で集められた雨水が、新たに築かれた地形によって湖へと導かれ、ランドスケープの主役になるはずだ。

出張中のある朝、現場の辺りを走っていると偶然、未舗装のトレイルを見つけた。森深く伸びるそのトレイルは、人が1人やっと通れるぐらいの道幅で、湿地帯や自然林の中をくねくねとひっそり走る。長年踏み均されたこの魅力的なトレイルが、自分たちのデザインしたプロジェクトにつながり、散策路のネットワークになるのかと、想像しただけでもわくわくする。実務を始めて10年が経つが、学校で嫌というほど叩き込まれた〝オープンスペースのネットワーク化〟を体感できたのは、これが初めてかもしれない。プロジェクトは、度重なるデザインや予算の変更などの課題が依然、山積みだが、1年後のオープニングを目指して一歩一歩確実に前進している。


(次頁)〈シェルビー・ファームズ・パーク〉建設現場。近くで見ると巨大な重機も、湖のスケールで見ると自家用車かのようである(©Aerial Innovations of TN, Inc.)

夜中のネットサーフィン

今年でアメリカ生活13年目を迎えるが、もともと海外志向が強かったわけではない。大学ではラグビーに明け暮れる毎日で、そもそも留学は帰国子女がするものと、今考えるとかなり浅はかな思い込みをしていたほどだっ

た。学部3年次にランドスケープ・アーキテクチャーという分野に出会い、将来はこれで食べていくと心に決めた時も、海外にまでは目が向かなかった。

きっかけは夜な夜な見つめるインターネットや書籍・雑誌だ。手探りながらランドスケープに取り組み、徐々に海外の作品に目を向けるようになると、夜中に面白そうなプロジェクトを探し回るという、2次元な体験にはまった。国内の作品しか見てこなかった自分には刺激的なインプットで、たとえば、スティールとハードウッドのデッキに覆われた、WEST8によるシアター広場〈シャウブルグプレイン〉は衝撃で、緑とは、自然とは何なのかという問いを突き付けられた。公園のデザイン・コンペも国内ではまだ珍しく、特に〈ダウンズビュー・パーク〉のジェームズ・コーナー・フィールド・オペレーションズ（以下、JCFO）案は、生態系の創造を多様なダイアグラムで見事にビジュアライズしており、いつかはこんなデザインをしてみたいと興奮したものだ。

当時、世界で最も訪れてみたい場所であった〈シャウブルグプレイン〉。数年後、初めてのヨーロッパ旅行で訪れることができた

海外の作品に出会えば出会うほど、留学への先入観はどこへやら、海外に出て本格的に勉強したいという気持ちを抑えきれなくなっていた。大阪のランドスケープデザイン事務所でインターンをしながら、準備を進め、先述のJCFOを主宰するジェームズ・コーナーが学科長を務めるペンシルバニア大学ランドスケープ・アーキテクチャー学科の修士課程へ進むことになる。そこは、生態学をランドスケープ・アーキテクチャーのひとつの軸として確立したイアン・マクハーグ、それをプロセスを重視したフィールドワークを通し

て都市に持ち込んだアン・スパーン、さらにデザインによってランドスケープ・アーバニズムへと昇華しようとしたジェームズ・コーナーという、歴代の学科長の流れを汲み、「生態学」「都市」そして「デザイン」を重視したプログラムを特徴とする。それは、自分のバックグラウンドである緑地生態学に、いかにデザインを取り込めるかを模索していた自分にぴったりのプログラムだった。

アイデアを形にすること

ラグビー漬けの学生生活とは一転した学業中心の生活がいよいよ始まる、と意気揚々と渡米した。しかし、予想していたとはいえ、言葉の壁が重くのしかかってきた。その時、身につけたのが、考えをビジュアライズする技術。自分の考えを図面や模型に落とし込めば、教授陣やクラスメイトといとも簡単にコミュニケーションがとれた。頭ではなく、まず手を動かす。英語のできない自分が膨大な量の課題を乗り切るには、どんなに下手なスケッチでも、ひたすらアイデアを形にする必要があったのだ。ランドスケープ・アーバニズムという当時の最先端の理論にふれることは魅力的だったが、それ以上に、頭の中で考えていることをグラフィックなものとしてアウトプットする、デザイナーの基礎的体力を留学時代の3年間を通して手に入れることができた。

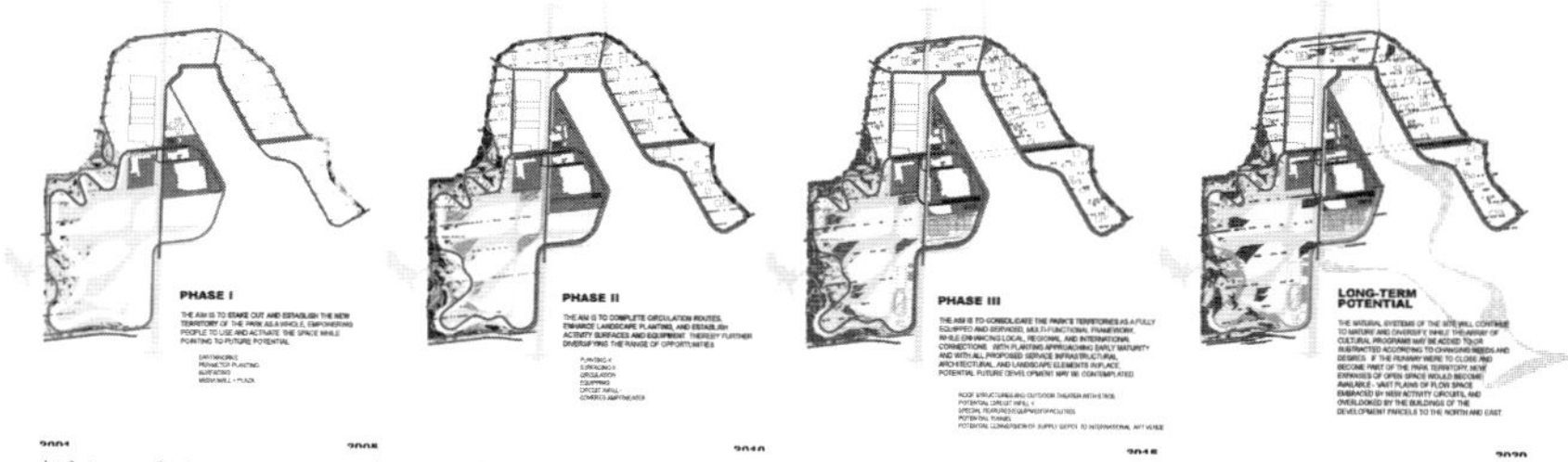

〈ダウンズビュー・パーク〉JCFO案。空間のデザインだけでなく、時間軸のデザインが組み込まれたダイアグラム（©James Corner Field Operations）

就職、初プロジェクト、第1子の誕生

卒業直前に、ジェームズ・コーナー（以下、ジム）から声をかけられる。「他のオフィスを見る必要なんてない。うちがベストだ。おまえはうちに来い」。この一言で就職先が決まった。今思えば、他にも優秀な学生がいる中、自分にオファーが来たのは、質ではなく量で勝負するデザインの姿勢が買われたからであろう。確かに、当時のＪＣＦＯは、03年に〈フレッシュキルズ〉、翌04年に〈ハイライン〉と、全米で話題となった二つのコンペに連勝し、飛ぶ鳥を落とす勢いで、やんちゃ坊主のジムがランドスケープ・アーキテクチャー界、あるいは建築界にまで殴り込みをかけているかのようであった。

06年、就職して初めて担当したプロジェクトは、ラスベガスにある大型複合施設、〈シティ・センター〉だった。リーマン・ショックが世界経済を襲う前に構想されたプロジェクトは総工費90億ドル超、敷地31ha、ホテル、コンドミニアム、コンベンションセンター、エンターテイメント施設からなる豪華絢爛なプロジェクトである。ただ自分は詳細をきっちり詰められる、小さなスケールのプロジェクトに関わりたかったので、正直落胆せざるを得なかった。お金を払った人だけが利用できるプライベートな空間は、学生時代に思い描いていたランドスケープ・アーキテクトが大いに存在感を発揮するパブリック・スペースとはかけ離れている。とはいえ、不満は言っていられなかった。他方、ちょうど第1子が生まれるタイミングも重なって、ＮＹへの引越し、見ず知らずの街での病院探し、出産(しかも2日後には退院!)、そしておむつの替え方すらわからないまま始まった子育てと、てんやわんやのなか、社会人生活のスタートとなった。当時を乗り切ってくれた妻には感謝してもしきれない。

修士課程1年目のスタジオで作成したドローイング。コンピュータはまったく使わない、ハンドドローイングのみによるスタジオであった

JCFOは、〈シティ・センター〉のホテルのひとつ、アリア・リゾート＆カジノのランドスケープを担当した。ランドスケープ・デザインのメインは、ラスベガスのホテルに決して欠かすことのできないプール・デッキ。2.8ha内に、バラエティに富む植栽に囲まれたプールが4つ配置されている。その他には、ルーフ・ガーデン、ストリートスケープ、車寄せをデザインした（©James Corner Field Operations）

もがき苦しんだ後に

嫌々始めたものの、ラスベガスの仕事からは結果的に多くのことを学んだ。オープンするまでの3年間、CADの使い方や図面の描き方、専門技術やクライアントやコンサルタントとの交渉術までさまざまなことを吸収し突き進んでいった。しかも、2年目からは上司が抜け、同僚と2人で仕切ることになった。お陰で、下っ端ながらも、基本構想、基本設計、実施設計をひととおり経験したうえに、クライアントへのプレゼンテーションまで担った。ラスベガスのリゾート業界を牛耳る強面のクライアントの前では、緊張のあまり何を言っているのかわからなくなり、案の定、デザインの不備を徹底的につっこまれて落ち込んだものだ。英語に自信を持ち始めていた矢先、プロフェッショナルとしてのプレゼンテーションは、学生時代のそれとは別次元であることを思い知らされたのだった。こうして、ギャンブルの腕前はまったくもって上達しなかったが、言葉というハンディと実務経験不足という逆境の中をもがき苦しんだ後に、僅かながらこの職能に対する自信を得ることができたのである。

得意技の発見

アメリカではランドスケープ・アーキテクトの資格を取って初めて、ランドスケープ・アーキテクトを名乗ることができる。未取得者は、あくまでランドスケープ・デザイナーだ。どうせならランドスケープ・アーキテクトを名乗りたい、という単純な動機もあって、〈シティ・センター〉を終えるころ、資格認定試験の準備を始めた。すると幸運にも、製図試験のひとつであるグレイディングという造成・排水の技術が自分の得意科目であることに気づく。これは適切な排水や地形の保存を問題解決的な観点から問われるのだが、試験5科目中、最も合格率が低い。

そんな試験の当日、自分は1時間以上を残して早々に全問解き終え、驚嘆の眼差しの中、颯爽と途中退室。渡米以来、これほど自分を誇らしく思ったことはなかった。実際、3次元情報である地形を、2次元の等高線に落とし込み、操作するグレイディングは、地形を相手にするランドスケープ・アーキテクトにとって、必要不可欠な技術と言える。そしてこれだけは誰にも負けないという得意分野を見つけたことが、外国人として働く自分の立ち位置を、オフィス内外で確立するのに大いに役立った。

パブリック・オープンスペース

アメリカに住む日本人デザイナーという国際人の端くれとして、オリンピックのような、言わずと知れた国際的事業にいつかは関わってみたいと思っていた。

莫大な費用を掛け短期間でさまざまな施設を建設するオリンピックには、批判が集まりがちだが、バルセロナの例のように、オリンピック後もパブリック・オープンスペースとして活気を見せる例はある。そんな建設投資もあり得るのだと見直していた矢先、幸運にも、ロンド

〈シェルビー・ファームズ・パーク〉造成図。グレイディングの技術が役立った
(©James Corner Field Operations)

ン・オリンピックの仕事が舞い込んできた。メインの広場スペースを、閉幕後に〈クイーン・エリザベス・オリンピック・パーク〉という公園に転用するプロジェクトである。自分の仕事は、4、5人のデザイナーをまとめながらコンペで通ったデザインをコンストラクションのために発展させることだった。さまざまなプラクティカルな問題点を解決する一方で、18世紀にロンドンで人気を博したPleasure Gardens（牧歌的な風景というよりは、エンターテインメントやリクリエイションを念頭にプログラムされたパブリック・オープンスペース）というデザイン・コンセプトをいかに実現するか。クライアントが用意した要件には、たとえば、多種多様なイベントを開催するために、イベントスペースの数、場所、面積などが詳細に決められていた。ジムと一緒に何度も何度もスケッチを繰り返した。〈オリンピック・パーク〉は、イギリス出身のジムにとって、特別なものだったはずで、力の入れようもいつもと違う。スケッチひとつとってみても今回は1本1

本の線にこだわりを見せていた。14年春、約2年の設計、工事期間を経て公園はオープンした。〈シティ・センター〉の後も相当数のプロジェクトに関わったが、本当の意味でのパブリック・オープンスペースは、これが初めての実作となった。

まだ気温が低いなか、噴水の中で水しぶきをあげて走る子どもたち、特注の巨大ラウンジベンチでくつろぐカップル、コーヒー片手にプロムナードを歩く家族連れ、そして、各所の催しものに集まる人たち。その光景は、デザインしながらなんとなく想像はしていたとはいえ、いざ目の当たりにすると圧倒的にせまってきた。「ああ、これが自分の目指してきたものか」と思わず一人涙した。

〈オリンピック・パーク〉オープニングの日
(©James Corner Field Operations)

"Don't make it complicated. Keep it simple"

名前からわかるように、JCFOはやはりジェームズ・コーナーあってのオフィスである。所員の大半はペンシルバニア大学のジムの元教え子たちで、ほとんどが20代後半〜30代前半の若者である。そんな若造達を引っ張っているボスは、強面な外見や悪がきっぽい言動とは裏腹に、はげ頭をネタにされても笑いをとる余裕も持ち合わせた、愛されるキャラクターの持ち主である。以前は、彼のことを理論家だと捉えていた。著書の中で繰り広げられる斬新な理論、難しい単語や婉曲的な表現から、相当難しい人なのではないかと思っていたのだ。しかし、実際にジムが学生や所員のデザインに求めるのは、「明解さ」である。小難しい理論で武装されたものではなく、誰もが理解できる、ストーリーラインとして

〈オリンピック・パーク〉JCFOが担当したサウス・パークは、パストラルなノース・パークとは対照的に、さまざまなタイプのエンターテイメントを提供するパブリック・オープンスペースである
(© James Corner Field Operations)

語ることのできるデザイン。彼の口癖は、"Don't make it complicated. Keep it simple" だ。

JCFOのビジュアライゼーションへのこだわり

そんなデザインの「明解さ」を高めているのが、ダイアグラムである。過剰なグラフィックが削ぎ落とされ、アイデアのコアを表現するダイアグラムが、プレゼンテーションのためだけではなく、自分たちの考えを整理し、純度を高めるために多用される。〈オリンピック・パーク〉コンペのプレゼンボードもダイアグラムを眺めれば、長たらしい説明がなくてもコンセプトを即座に理解できる。

「明解さ」と共にジムが重要視するのが「ユニークさ」である。縁石のプロファイルや舗装のパターンといった形あるものから、空間がもたらす雰囲気といった形なきものまで、他のデザイナーがつくり出すものとは一味も、二味も違うものを求める。〈シェルビー・ファームズ・パーク〉では、平面図の見た目がいいという単純な理由で、湖の周りに走る道路を直線で描いたスケッチを見せた時も一言、「ありきたりだな」とそのレイアウトの凡庸さを批判された。

では、こういった「ユニークさ」をどのように人に伝えるか。そこで登場するのが、ビュー（アイレベルのパース）、エアリアル（鳥瞰図）、ビュニエット（デザインの1コマを切り取り、オーガナイズしたカタログのようなもの）といったビジュアライズのための手段である。ＪＣＦＯでは、ビジュアライゼーションに相当な人手と時間を掛ける。若手が中心となり、Rhino や Grasshopper で作成した３Ｄモデルを、V-Ray でレンダリングし、フォトショップで添景を添え、誰が見ても息を呑むほどのキラー・イメージを量産する。コンペになると、イメージのコンポジション、植栽の色合い、テクスチャのコントラスト、影の濃淡などを、ジムが細かく一つひとつチェックしていく。これはＪＣＦＯの十八番と言ってもよい。こういったデジタル技術は、一朝一夕で進化するから、フレッシュなテクニックを持つ新卒を毎年受け入れることで、オフィスのビジュアライゼーションのレベルを年々進化させている。

右肩上がりのなかで

そんな明解さとユニークさが共存するデザインと、ジムのカリズマティックなキャラクターや抜群のプレゼンテーション力によって、事務所は右肩上がりで成長してきた。働き始めた時は、かなり詳細までジムから指示が出されていた。しかし、当時20名にも満たなかった所員数が50名強まで膨れ上がり、プロジェクトの数も倍増した今、ジムがすべてのプロジェクトを完全に把握することは、現実的に難しい。ジムの元では、４人のプリンシパルがそれぞれ複数のプロジェクトを仕切っているが、マネジメントに重きを置く彼、彼女らが、デザインに割ける時間は限られる。そのため、日頃のデザイン判断は、

2013 年夏に引越しする前の JCFO 旧オフィス。勤務時間は、基本的には 9 〜 18 時。自分の場合、朝は長女の通学時間に合わせて出勤するため、始業は少し遅めの 9 時半。締め切りがある週以外は、だいたい 19 時過ぎに退社する（©James Corner Field Operations）

自分のような中堅所員にある程度任される。もちろんジムやプリンシパルの同意を得ることを疎かにできないが、たとえば〈シェルビー・ファームズ・パーク〉では、自分が歩いてみたいと思うところに園路を通し、自分が立ち止まりたいと思うところにファニチャーを配置した。〈オリンピック・パーク〉では、曲がりくねったプランターとプランターの隙間に、シークレット・ガーデンのようなスペースを潜ませた。それは決してプロジェクトの大局に影響を与えるようなものではないが、自分の判断でプロジェクトが展開するのを目の当たりにするのは、やりがいを感じる瞬間である。

NY

NYはマンハッタンにあるオフィスから目に飛び込んでくるのは、ハドソン・ヤードやハドソン・ブールバードの巨大建設現場である。オフィスのあるヘルズキッチンとチェルシーの境目は、数年前までは何もないところだったが、最近では、ハドソン・ヤードやハイラインの延伸をきっかけに、さまざまな開発プロジェクトが進行中だ。

マンハッタン南西部に2・5㎞に渡って文字どおり「浮かぶ」ハイラインは、高架廃線跡を公園へと転用したプロジェクトである。今日アメリカに存在する公園で最もおしゃれな公園と言っても過言ではない。魅力は、なんといっても都市を普段とは違う視点で体験できることに尽きる。地上10m上に浮かぶ錆び付いたレールや朽ち果てた枕木の隙間から生える草木の中を、NYのなかでも特に注目度の高いミートパッキングエリアやチェルシーを眺めながら弁当片手にそぞろ歩けば、ニュージャージーに住む自分もいっぱしのニューヨーカーである。

ペンシルバニアの山奥で開催された100マイル(160km)のトレイル・ランニング・レースを走る筆者。24時間を掛けて完走
(©Tania Lezak)

道ある限り

日本人の友人、知人と会って必ず話題に上るのは、いつ、どのように日本へ帰国するかという話題だ。自分は「日本人としていつかは日本に帰りたい」というあいまいな返答をするのが習いである。アメリカに来て仕事を始め、家庭を持ち、走ることに目覚め、仕事以外にも生きがいを見つけてからは、無理に帰国や独立といった道を歩む必要はないのではないかと思うようになった。

また以前は、デザイナーたるもの都市で暮らし、都市の文化を最大限吸収するべきだと信じていたので、時間を見つけては、幼い子どもを連れ、地下鉄や電車を乗り回し、公園や建築を見学し、美術館やギャラリーを精力的にまわっていた。

しかし段々と、違った生き方、時間の過ご

し方があることに気づく。ひょんなことからニュージャージーの郊外へ、アパート暮らしから一転、一軒家に移り住んだ。前庭に好きな草花を植え、裏庭で野菜を育て、土をいじる機会がふんだんに増えると、植物だけでは飽き足らず、新鮮な卵のために鶏を飼うようになった。また、近所に自然保護区に指定されている樹林地があり、そこのトレイルを毎朝走ることが日課になった。あくまでも基本はNYへの通勤を想定した、郊外での生活だ。しかし、都市と田舎のハイブリッドである郊外で、仕事と家庭のバランスをとりながら生活するなかで、本当にしたいこと、どうやって生きていくかのヒントを垣間見ることができた。

　10年後のことはわからないが、どこでどのように生活していようが、ランドスケープ・

生卵ご飯を食べたいが、スーパーの卵は基本的に生で食べられないので、自宅の裏庭で4羽鶏を飼っている。アメリカの特に都市部やその近郊では、自給自足を目指して鶏を自宅で飼う家庭が増えている（右）
近所の自然保護区内のトレイル（左）

アーキテクチャーを生業にしたい。〈オリンピック・パーク〉のオープニングで経験した感動をまた味わいたいし、刺激的なプロジェクトが今も待ち構えている。先が見えずとも、目の前にある問題にコツコツと丁寧に取り組む。結果として、リアルな〝空間〟が実現し、いつかは〝場所〟になる。それは、昔想像していたきらびやかなデザイナー像とはかけ離れているが、ランドスケープ・アーキテクチャーのように構想から実現まで数え切れきれないほどの手が必要とされる分野は、結局のところ地道な行為の繰り返しに支えられているのではないだろうか。模索の道は続く。その道がある限り、自分はただ走り続けるだけだ。

建築とランドスケープをシームレスにつなぐ

26

戸村英子

junya.ishigami+associates

–Paris, France

〈ルーブル・ランス〉のランドスケープデザイン。ひとつとして同じ形はない

2015年東京

私が日本を離れて海外へ出たのはもう、12年も前のことである。

帰国して、気がつけば、日本の建築業界に揉まれ、すでに3年の歳月が経った。今では海外の空気が懐かしいとさえ思えるほどだ。

1日の仕事を終え六本木にある事務所からの帰途、この混沌とした雑踏が複雑に絡み合う街はいったい誰がつくったのだろう、と考えながら歩くのが習慣になってしまった。今日も終電を逃して歩いている。

アメリカの理路整然とした都市、パリの古く美しい街並み。海外に出て気付いたのは、東京という街は本当にカオスで変だということだ。

商業都市としてひたすら効率性と経済性を追求してきた結果、狭い空間のなかに、ビルや広告が乱立し、訪れる人の視界を圧倒する。だけど、これまで訪れたどの都市にもない自由を感じることが出来るし、もしかしたら、この街のほうが健全なのではないかとすら思うことがある。とても刺激的で不思議な街だ。それほど嫌いではない。

このような街で生まれ育った私が、建築を学び、ランドスケープ・アーキテクチャーという分野に興味を抱くようになっていったのは、もしかしたらごく自然なことだったのかもしれない。

ペン大のあるフィラデルフィアセンターシティの街並み(右)と、デザインスクールで毎週行われるハッピーアワー(カジュアルな飲み会)のようす(左)

海外生活

海外生活の最初の地に選んだのはアメリカのカリフォルニア州バークレーだった。大学院入学のための準備として、大学建築学科の恩師の勧めもあり、渡航を決めた。この地で初めて、海外生活のイロハを学んだ。西海岸特有の温暖な気候とカリフォルニア特有のゆったりとした雰囲気。新鮮で楽しかったが、海外の地で一人やっていく厳しさを知ったのもこの時だった。

英語が不得意だった私には無謀な挑戦だったのかもしれないと何度も挫折しかけた。大学院受験の準備は厳しかったし、受験の直前は今思いだしてもつらく涙がでそうになる。バークレーで出会った友人や仲間に支えられながら、また大学時代の恩師に助けられ、ペンシルバニア大学（University of Pennsylvania, PENN Design、以降ペン大）に合格することが出来た。05年春、西海岸から東海岸へ移ることになった。大学のあるフィラデルフィアはアメリカのなかでも一番歴史の古い街で、雰囲気も建物も西海岸のバークレーとはまったく違っていた。

ペン大での経験はその後の自分に大きな影響を与えた。実際に自分のキャリアの転換期になっただけでなく、建築、デザインに対する考え方も変わったような気がする。なによりも刺激的だったのは、ランドスケープ・アーキテクチャーという漠然としたイメージが自分のなかで徐々に形になっていくことだった。

ランドスケープ・アーキテクチャーとはなんなのか？

「建築とランドスケープにあるボーダーラインはいずれなくなりひとつになる」当時私が受講したスタジオの教授、9・11の犠牲者のためのペンタゴンメモリアルのデザイン設計をしたＫＢＡＳ（Kaseman Beckman Advanced Strategies）のキース・ケイスマンが、スタジオの打上げの際にお酒を交わしながら言ったこの言葉を今でもはっきりと覚えている。建築のバックグラウンドがあった私にはその言葉が本当に印象的だった。

また、ある建築家が当時ペン大の学科長だったジェームズ・コーナーとの対談で「ランドスケープアーキテクトの仕事は木を植えること」と言ったのに対して、コーナーが激怒する事件があった。

ランドスケープ・アーキテクチャーのボーダーラインはシームレスで、建築だけでなく、環境デザイン、都市計画、造園、いろいろな分野に繋がっている。建築より広くぼんやりしている分野なのかもしれない。木を植えること、と言った言葉も間違っているわけではないし、きっと彼だけでなく、多くの人のランドスケープ・アーキテクチャーに対する認識も、外構デザインに少し毛が生えたものぐらいの認識だろう。日本にも独自の素晴らしい造園の歴史があるし、建築の世界では世界でトップクラスのものをつくり続けてきている。私は、日本らしいランドスケープ・アーキテクチャーに出会いたくて日本に戻ってきたのかもしれない。

キャサリン・モスバック

2年目の春セメスターで、ペイザジスト（ランドスケープ・アーキテクト）のキャサリン・モスバックのスタジオを受講した。言葉少ない彼女の頭のなかだけにあるデザインを理解するのに、最初はかなり戸惑ったのを覚えている。他の生徒達も大いに戸惑っていた。その土地の歴史や地形のコンテンツ、自然物の形状などをデザインに取りこみ、環境に合わせて変形させていく彼女独自のデザインアプローチに最初は懐疑的だったのだが、次第に惹かれるようになっていった。

自然の創り出すパターンや美しさを感じとり、それを表現する。とても新鮮だった。

彼女のスタジオではミクロ・マクロ両次元の自然美を模倣し、抽象的な形状を生成し、その空間に意味を持たせる。その丁度よい形を見つける作業の繰り返しが果てしなく続いた。

ペン大での2年間は、いろいろなことを学んだだけでなく、モスバックをはじめ、多国籍のクラスメートたちとの出会いのなかでデザインについてたくさんの議論を交わすことができた。このことは間違いなく私の糧となった。ただ、中間や期末の課題提出や講評の前には徹夜がつづき、自分の体力的な限界を知ったのもこの2年間だったのかもしれない。デザインの現場は体力勝負であることをあらためて学んだ。この時の経験が今でも活きている。

海外ではたらく

ペン大を卒業した私は、当時、すでに地元フィラデルフィアの建築・都市計画事務所WRT（Wallace Roberts and Todd）でランドスケープの仕事に就いていたが、キャサリン・モスバックのスタジオを受講したことがきっかけで、彼女の元で働くためにパリに行くことを決めた。

スタジオでも課題になっていたルーブル美術館・ランス新館のプロジェクトがすでに始まりつつあったからだ。「とにかくすぐに来てほしい」と言われ、トントン拍子でパリ行きが決まった。短い期間であったが、それまで働いていたWRTをやめてパリへ出発した。第2の海外生活が始まった。

正直、多少の迷いもあった。当時ペン大を卒業したころのアメリカは超売り手市場だったし、リーマンショック直前の好景気に加え、ランドスケープ・アーキテクチャーの流行とともにそのニーズが高まっていたからだ。大学院卒業の私たちのWRTでの給与や待遇はアメリカの一般的な企業に比べて平均以上だった。今思えば、海外で建築を仕事にするうえで、これ以上ない環境だったと思う。それでも、パリ行きを決めたのは、ルーブル・ランスというフランスの一大事業をモスバックのもとで経験できるというチャンスを諦めたら、一生後悔してしまうのではないかと思ったからだ。ちなみに給与はアメリカで貰えていたものの半分からスタートだ。

WRTの事務所でハッピーアワー。同僚とともに

パリ

2007年秋、海外3都市目になるパリへの移動はもう慣れたものだった。誰一人知り合いのいない地へ行くことに不安を感じるよりも、新しい仕事に就けるうれしさと、新天地での生活への期待でいっぱいだった。

だがそんな甘い思いは一瞬で消え去った。シャルル・ド・ゴール空港に到着した私はタクシーを捕まえいざ新居へ。ところが、多少予想はしていたが、運転手に一切英語が通じなかった。テレビ、ラジオ、周りから聞こえるものすべてが私には宇宙語だった。ワンフレーズどころか一単語すら聞き取れない。アメリカに一人渡った時の孤独感が一気によみがえり、襲ってきた。そんなパリに5年も居続けることになるとは、この時は考えてもいなかった。

　事務所はパリの北、18区にあった。以前は倉庫として使われていた小さな建物を、モスバックの自宅兼事務所に改装したものだった。私が勤め出したころはまだ引っ越したばかりで、トイレも使えないような状態だった。流石に2〜3ヶ月後には使えるようになったが、まさか5年後に事務所を出る時まで改装が終わっていないとは思いもしなかった。

　フランスの時間の進み方はアメリカや、特に日本とは比べ物にならないほどゆっくりなのだ。そんなフランスで仕事をし続けるのに焦りがなかったわけではない。

　日本の同世代の人たちはもういくつも建てている。ネイティブと対等にやりあうのに気後れすることもあった。

（次頁）モスバックの改装中の自宅兼事務所

だけど、葛藤しながらもプロジェクトを見届けたい気持ちがいつもあった。

モスバック事務所

　私がパリに移って仕事を始めたころは、ちょうど、基本設計前の基本計画の真っ只中であった。提出直前の忙しい時期で、初日から何の図面かも解らず、説明もなく、とにかくモスバックの指示どおりに図面を描かされた。彼女は、とにかく説明が少ない。彼女のスタジオを取っていたので多少のことはわかっていたつもりだったが、やはりであった。

　彼女が何を求めていて、何をしてほしいのか、すべて感じ取るしかなく、いつもアンテナを張っていないとすぐに仕事が遅れてしまう。そんな感じだった。

　所員は多くて5〜6人、少ない時は3人でプロジェクトをまわしていた。小さい事務所だが、プロジェクトはどれも興味深いものばかりだった。人数が少ない分、所

員一人一人の負担も大きく大変ではあったが、他方すべてを経験することができた。

フランスにしては労働条件の厳しい事務所であったせいか、人の出入りも激しく、5年勤めた私は勤務年数が過去最長の所員になってしまった。最ベテランの所員がフランス語の話せない、少し英語の話せる日本人である。さいわいプロジェクトがフランス国内だけでなく海外にもあったため、なんとかやって行けたのかも知れない。

ルーブル・ランス

〈ルーブル・ランス〉のコンペは05年に国際コンペとして、フランス政府とルーブル美術館が共同で立ち上げた。ルーブル美術館の新館とその周辺の公園の設計である。ファイナリストにはザハ・ハディドやスティーブン・ホールなど、有名建築家たちが名を連ねた。このコンペでは建築家のみならず、学芸員やランドスケープ・アーキテクトとチームを組まなければならなかった。

スティーブン・ホールはジェームズ・コーナーの事務所フィールド・オペレーションズと組んでいた。

モスバックは日本のＳＡＮＡＡと組んだ。モスバックが05年当時、ちょうどＮＹのＭｏＭＡで行われたエキシビジョン〝Groundswell: Constructing the Contemporary Landscape〟に出展していた。その展示でモスバックを知ったＳＡＮＡＡとチームを組むことになった。初めてのタッグであった。建築家とランドスケープアーキテクトが一緒にプロジェクトを進める難しさは確かにある。でも、一緒にやることで、新しいものが建築とラン

〈ルーブル・ランス〉の完成イメージパース
(©SANAA. IC. Mosbach)

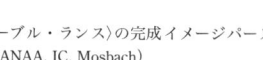

ドスケープを繋いで、調和を生み出すおもしろさもあると思う。ルーブル・ランスではちゃんと繋がって風景に溶け込んだ建築とランドスケープがある。

建築とランドスケープ

キャサリンはすべて一からデザインをおこし、ひとつとして同じデザインはない。彼女のこだわりは細部にまでおよぶ。彼女は決して既製品は使わない。ルーブル・ランスの設計を通して一番驚いたことだ。

たとえば美術館の建物の周りのコンクリート舗装に広がる大小いろいろな形のバブルの穴や、少し大きな砂の広場は天然のドレインシステム（雨水・排水システム）を兼ね備えている。植栽に関しても、なるべく潅水を用いない方法を取っている。レインガーデンの仕組みだ。雨水を貯留し、時間をかけてゆっくり水質浄化しながら地下へ浸透させる。舗装などによって絶たれた水の循環を回復させ、まわりの水環境を改善する。特に側溝やマンホールをなるべく無くし、自然の形状の排水システムをつくり上げる。また、美術館に通じる道には側溝はない。天然ドレインシステムの緑の溝がその代わりを果たしている。一部建物の地下のためにグレーチングが出てきてはいるが、それも一つひとつ形が違う。有機的な形の中に既製品の無機的な形状が出てくることが彼女にとって考えられないからだ。美術館に通じる公園のそれぞれの入り口に設置されているゲートも同様にオリジナルだ。さらに、公園の周囲を囲う壁も、公園の中にある美術館という特殊な条件のなか、セキュリティのために要求されたもののひとつだ。通常、大きな壁か柵などで囲われるべきだが、彼女は手前を掘り込み、そこから高さ2mの土壁をつくった。ハハ・ウォール（Haha wall）という手法だ。目線が通る高さではあるが、それを乗り越えることはできない。この土壁は建物をつくる際にでた土を再利用することで、コストを抑えてつくることができた。ただ残念なことに、本来はこの土壁で公園のまわ

美術館へ続く道。自然の排水システムを利用し、排水溝やマンホールはない

りをすべて囲うはずであったのが、強度とコストを理由に敷地北側には既製品の柵が取り付けられてしまった。

結果的には、強度の面でもコストの面でも、土壁のほうが良かったのだが、その時点ではすでに工事が終わっていたために再度の変更はできなかった。

〈ルーブル・ランス〉プロジェクトがすすむにつれてＳＡＮＡＡ事務所とのやりとりも活発になっていった。モスバックのデザインに対するアプローチはかなり独創的なデザインで、ＳＡＮＡＡとのデザインのすり合わせにはいつも時間がかかった。ただ、常に建物と公園がひとつになるようお互いが心がけていたと思う。デザインコンセプトだけでなく、素材や仕上げでも統一感を大事にしていた。たとえば、建物の周りのコンクリート広場の仕上げに美術館の仕上げと同じものを使うようにしたり、外灯のポールを建物の柱と同じ径にしたりと細部にまで気を配りながら、完成のイメージを共有できるまで、とにかく頻繁にやりとりを繰り返した。

公園の周囲を囲うハハ・ウォール。施工中(上)と完成後雪に覆われ自然の模様をつくり出すようす(下)

ＳＡＮＡＡの建築とモスバックのランドスケープがお互いに少しずつ重なり合いながらひとつの空間をつくり上げていく。その渦中にいるとひどく消耗することもあったが、同時にその過程は刺激的でおもしろかった。

炭鉱の街ランス

ルーブル新館の招致を射止めたフランス北部の街ランスは、パリからＴＧＶで１時間くらい北に行ったところにある。昔は炭鉱の街として栄えていたところだ。１９６０年に最後の採掘が終了してから、経済的に取り残されてしまっていた。ペン大時代にスタジオのフィールドトリップで訪れた時も、街には活気が感じられなかったし、住民も高齢者が多い印象だった。

街にはいくつも石炭が積まれて出来たボタ山があり、そのボタ山からは蒸気が立ち昇っていた。そのボタ山に登ってランスの街を眺めても、これからできる美術館がこの街をどのように活かし、どのように変えていくのか、

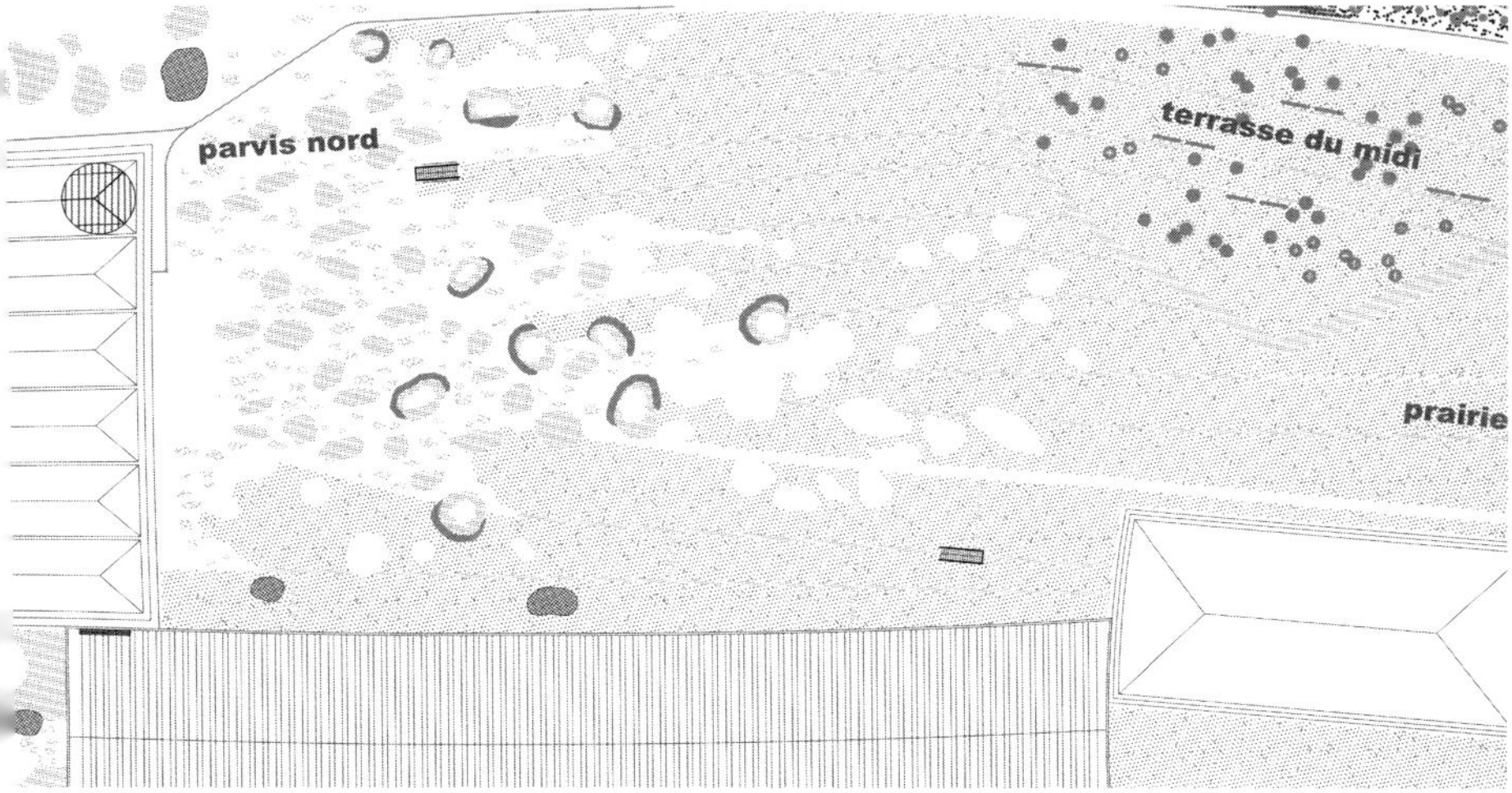

- HALL D'ENTREE BATIMENT 2 - EXPOSITIONS TEMPORAIRES BATIMENT 1 - SCENE

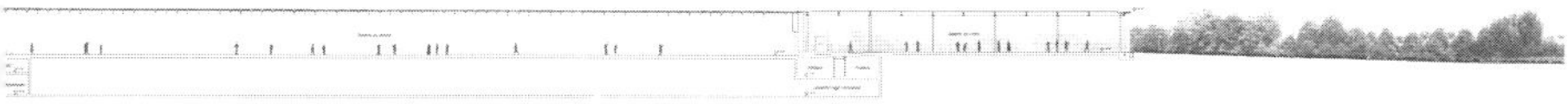

BATIMENT 4 - GALERIE DU TEMPS BATIMENT 5 - GALERIE VITREE

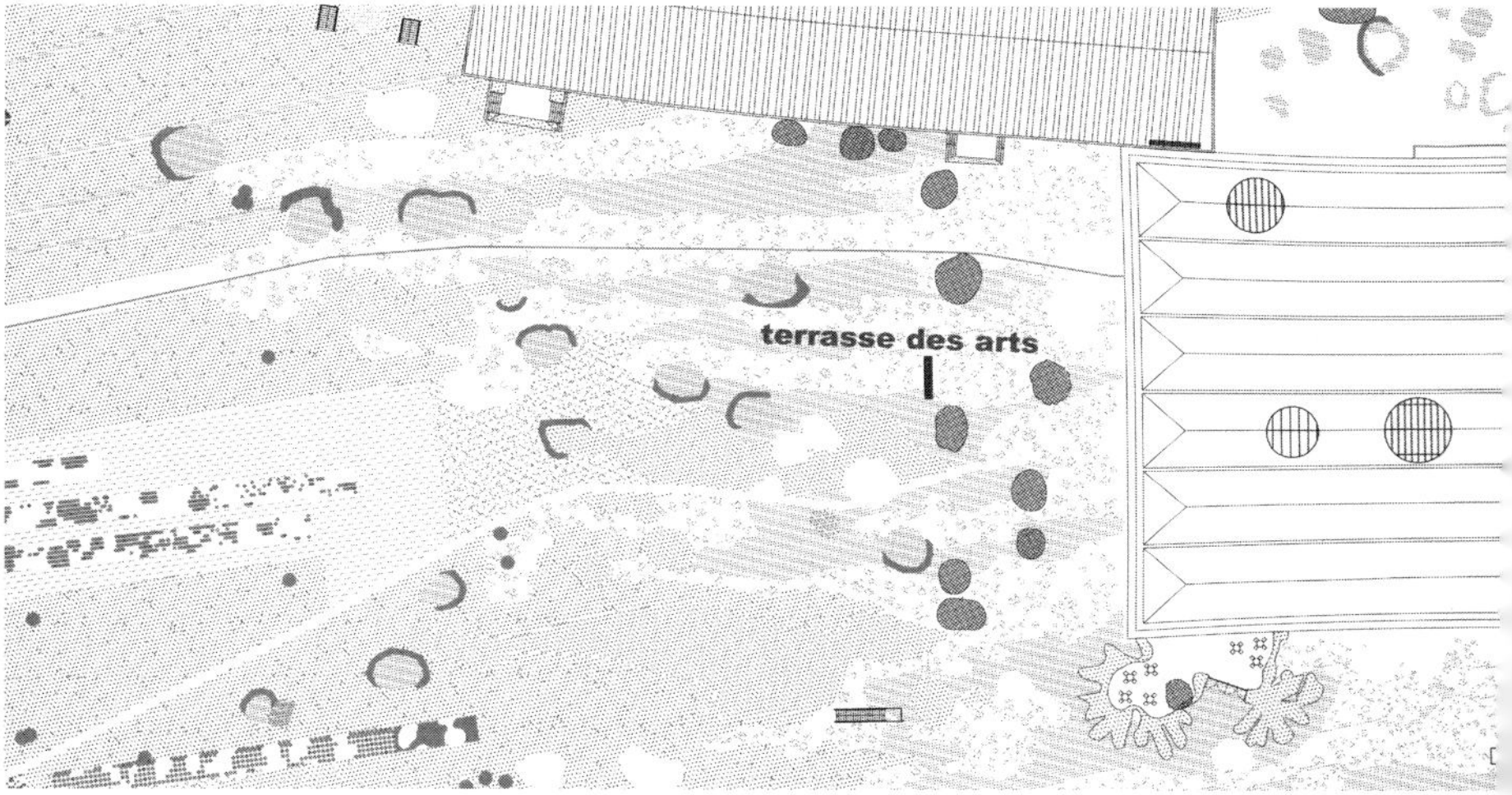

ELEVATION BATIMENT 5 - GALERIE VITREE BATIMENT 4 - GALERIE DU TEMPS

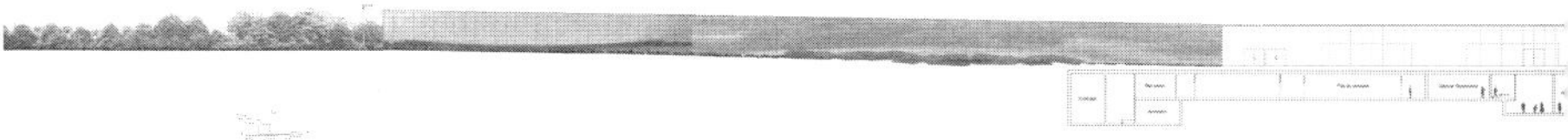

COUPE AA BATIMENT 1 - SCENE BATIMENT 2 - EXPOSITIONS TEMPORAIRES BATIMENT 3 - HALL D'ENTREE

COUPE BB BATIMENT 1 - SCENE BATIMENT 2 - EXPOSITIONS TEMPORAIRES BATIMENT 3 - HALL D'ENTREE

ランドスケープが溶け込む美術館のファサード

（前頁）〈ルーブル・ランス〉平面図と立面図（©SANAA. IC. Mosbach）

当時の私には何ら想像もつかなかった。

この街はパリとは正反対の、よく言えばのどかな田舎町だ。そんな田舎町につくる美術館、風景に溶け込む建築、その風景をどう創るか。

施工がはじまり、ランスの街を訪れるたびに、住民たちの期待が徐々に高まっていくのを感じたし、同時に街全体の雰囲気も少しずつ変わっていった。

採掘場だった敷地内は、現在もその面影をひっそり残している。石炭運搬のために使われていた線路跡には草道のライン、採掘ピットだった入り口にはシンボルツリーがある。それらが風景に溶け込んだ美術館へ通じる公園として姿を変え、今、地元の人に親しまれている。

新しいランスの景色として住民に受け入れられているようだった。また、街を南北につなぐ美術館とその周りに広がる公園が、住民同士の交流を活発にしていた。

ランスの街の環境だけでなく、歴史や文化を含めたすべての要素が詰まった建築やランドスケープ・アーキテクチャーが、街をよみがえらせ、活気を取り戻し、人々の生活自体を変えたという実感が、このプロジェクトを通してあらためて強く感じられた。

オープンの後にも二度訪れたが、街の雰囲気は以前とまったく違っていた。フランスからだけでなく世界各地から旅行者が美術館を見に訪れていたし、地元の人たちが敷地内の公園でゆったりと時間を過ごしているのがとても印象的だった。

回帰

〈ルーブル・ランス〉のプロジェクトも竣工間近になり、事務所として次につながる大きなプロジェクトが欲しい時期、〈台中ゲートウェイパーク〉の国際コンペに参加した。このコンペでは建築家フィリップ・ラムと組

ボタ山の山頂から見たのどかなランスの街

んだ。ファイナリストには、ペン大時代のクリス・リード教授のオフィスSTOSSやランドスケープのコンペの常連、WEST8がいた。

254haの台中空港跡地の敷地に、68haの低炭素型のエコパークをつくるプロジェクトだった。我々の提案はいろいろな要素を取り入れることによって温度、湿度、汚染の3項目をコントロールし、都会の喧騒の中にオアシスになる公園をつくるというものだった。最終プレゼンテーションのため、台中へ行ったモスバックからテキストメッセージで勝ったという知らせをもらい、みんなで喜んだのを今でも思い出す。

〈台中ゲートウェイパーク〉の基本構想設計の終わった12年夏、そして〈ルーブル・ランス〉のオープンを直前にして、日本への帰国を考えるようになった。パリに来てすでに

5年が経過していた。

ちょうどその時、現在勤めている石上事務所からお話を頂いたのだ。積極的にランドスケープを取り入れている石上事務所の作品、建築とランドスケープに隔たりなく新しいものをつくろうとしていることに非常に共感し、日本の建築からランドスケープを見てみたいと思った。台湾での現場も魅力的ではあったが、そろそろ日本で自分のできること、日本でできるランドスケープを探したかったのかもしれない。4都市目にしてようやく原点である日本に帰って来た。もちろん12年末の〈ルーブル・ランス〉オープンの際には再びフランスの地を訪れることを約束してパリを離れた。

3か月後、再びその地に立ったその時の感動がひときわ大きかったのは言うまでもない。

新しく路線がつくられた〈ルーブル・ランス〉行きのバスを待つ人たち

オープンから2年半、ルーブル・ランスのランドスケープの現場はまだ動き続けている。10年後、20年後、再び訪れることができたらと思っている。まだまだ変化するランドスケープがたまらなくおもしろい。

テクノロジーとモビリティをデザインする

–Barcelona, Spain

吉村有司

laboratory urban DECODE

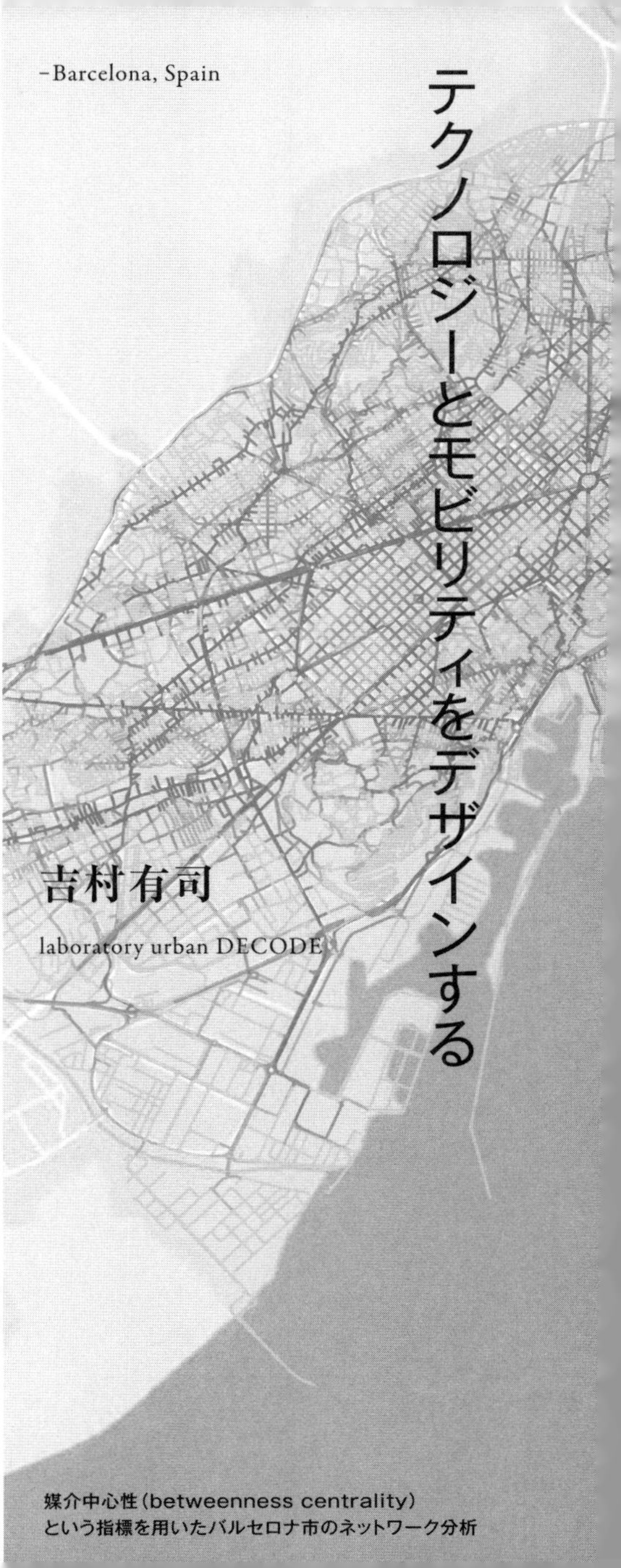

媒介中心性(betweenness centrality)という指標を用いたバルセロナ市のネットワーク分析

自己紹介

バルセロナに来る前はコーヒーが飲めなかった。あの黒い苦い汁の何が美味しいのか、不思議だった。でも、この街に来て、真っ青な空を見ているうちに、ちょっと飲んでみようという気になった。いつの間にか、朝のコーヒーを飲む喜びを知った。たまたま隣に座った人たちと、バルで談笑する楽しさを覚えた。そうしたら不思議と、青一色だと思い込んでいたバルセロナの空にも、いろいろな色が見えてきた。

それが特別なことだとは思わないが、うれしい時は「うれしい」と喜び、悲しい時にはちゃんと泣ける、そんな普通さがこの街にはある。

バルセロナへ来て今年で15年。いまだに初対面の人への自己紹介には悩む。「建築家（アーキテクト）だけどモビリティをやっています」と説明しても、「そうですか」と理解してくれる人は少ない。その上、「センサーを創ってデータの分析をしています」と付け加えると、「(情報)アーキテクトですね」と必ず言われる。「人の行動パターンが……」と話を進めるころになると、だんだん相手の顔に怪訝な表情が浮かんでくる。

だからバルセロナで人と会う時はなるべくグラシア地区で待ちあわせをするようにしている。口で説明するよりも、実作を見てもらうほうが早い。「この地区全体をネットワークと捉え、人の流れや車の流れを考慮しながら公共空間をデザインしました」と、歩きながら説明すると、さっきまで不安で一杯だった相手の顔に笑顔が戻って来る。その変化を見る時ほどうれしい瞬間はない。

〈グラシア歩行者空間プロジェクト〉の施行前と施行後の街路（両方とも同じ街路）

バルセロナ都市生態学庁への就職

都市に興味を持ったのはカタルーニャ工科大学で建築を学んでいた時だった。バルセロナの都市計画／都市戦略を調べていくにつれ、数多ある公的機関のなかからひとつの部署が浮かび上がってきた。バルセロナ都市生態学庁だ。都市に関するデータを徹底的に集め、さまざまなツールを用いて都市を分析／再考していくというコンセプトに共感を覚えた。しだいに「この機関で働いてみたい」という思いが膨らんでいった。

外国で公務員職を目指すなど、今では考えられないが、2000年初頭のバルセロナ、ひいてはスペインは不動産バブルに浮かれ、移民といえども職を見付けるのはそんなに難しいことではなかった。当時与党であったスペイン社会労働党は移民政策に寛大で、労働許可証を配布するほどだったのだ。僕のような得体の知れない若造が就職のために市役所の門を叩いたとしても、とりあえず面接はしてくれる雰囲気が都市に充満していた。

B-2512-KJ

とはいっても面接は困難を極めた。ディレクターと1時間ほど話しあったが、話しが噛みあわない。「あー今回はダメかな」と諦めかけながら、不意に前の晩のバルサ（FCバルセロナ）の試合の話を振ってみた。これが大当たり。ディレクターも横にいた担当官も大のバルサファンで、「バルサ好きに悪い奴はいない」と、すんなり就職が決まった。これがラテンの国なのだ。

質より量のラテン系ワークショップ——歩行者空間プロジェクト

都市生態学庁に就職して初めて任されたプロジェクト、それがグラシア地区歩行者空間プロジェクトだった。*1 バルセロナ市内北部に位置するグラシア地区は、バルセロナが市壁に囲まれていたころから独立した村として存在し、バルセロナ市に吸収合併された今でもそのころの都市形態と雰囲気を色濃く残している。その一方、弊害も多く、そのひとつが近代化の波と共に押し寄せてきた自動車社会への対応の遅れだった。車が1台通るのもやっとなほどの狭い街路は、朝から晩まで万年渋滞に悩まされ、地区全体が排気ガスと騒音にまみれていた。

とあるミーティングの風景

プロジェクトの目的は至ってシンプルだ。いかにしてこのエリアから通過交通を減らし、歩行者にとって快適な空間を創り出すか。歩行者天国を創れば都市に活気が戻る、などと考えられるほど、我々もお気楽ではない。各種施設のネットワークの配置、それらへのアクセスなどをモビリティデザインとして捉え、市内の交通網を公共空間の質と共に改善することが目指された。その一方、住民たちとの

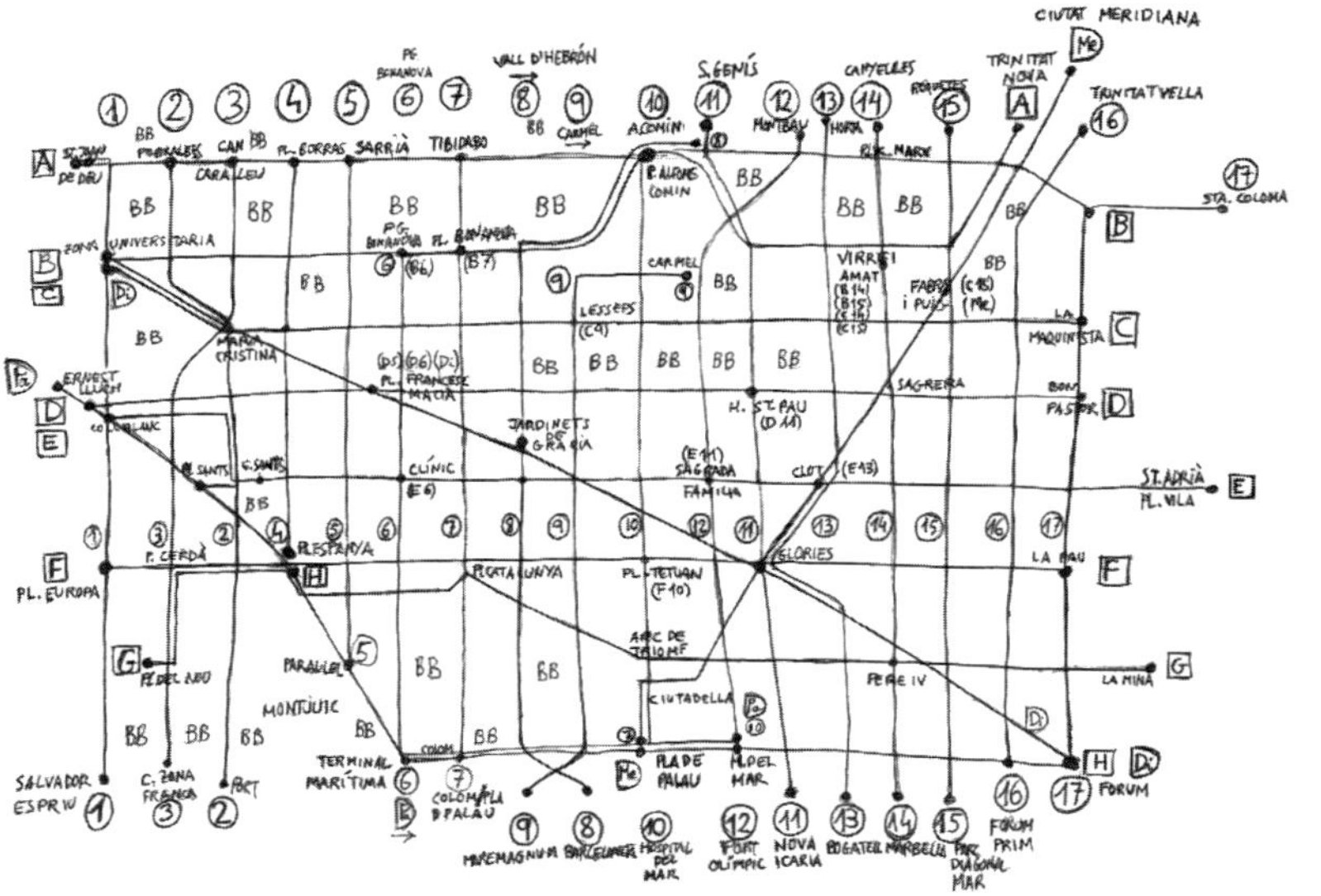

バルセロナの都市形態（セルダブロック）に沿った新しいバス路線の初期アイデアスケッチ（©Salvador Rueda）

対話を重ねた。

口から先に生まれたと言われるくらいおしゃべり好きなカタラン人たちは、自分たちが聞きたいことを聞きながら、言いたいことをストレートに表現する。ミーティングが時間どおりに始まることも、時間どおりに終わることもない。たいていそのまま近くのバルに流れ込み、ワイワイガヤガヤとしゃべり続けているだけだ。しかしだんだんと、「量が質を上回ることもある」というのがわかってきた。延々と続ける対話のなかから妥協というアイデアが生まれる。今年の妥協は来年の妥協を連れてくる。その繰り返しと積み重ねが、5年以上の歳月を掛けて現在のグラシア地区の風景を形づくってきた。

モビリティと都市デザイン——市バス路線変更計画

本格的にモビリティというテーマと関わることになったのは、グラシア地区のプロジェクトが終わりかけたころに担当させられた、バルセロナ市バス路線変更計画からだった。[*2]

バルセロナ市内を走るバス路線は、フィジカルな都市の拡大と共に「くねくね」と拡張され、その時々でその場しのぎの計画がなされてきた。結果、市内ではさまざまなバス路線が入り乱れ、地区によっては路線が重なり合うなど非効率な運営がされてきた。

この状況を改善しようという話が持ち上がったのが00年初頭のこと。すべてのバス路線を、バルセロナの新市街地を織りなす碁盤の目に沿った格子状に再編し、移動距離の最短化と共に、エネルギー効率の最適化と排気ガスの抑制が目指された。

セルダブロック(土木技師イルデフォンソ・セルダ(Ildefonso Cerdá, 1815－1876)によって導入された碁盤目状の街区)に沿った路線図を最初に描いたのは、心理学と生物学を修めたバルセロナ都市生態学庁長官だ。直感に基づいたそのラフスケッチを、だんだんと現実的なものに近づけていく、それが僕の仕事だった。科学的な裏付けがない状態から、いかに〝科学的なもの〟に近づけていくかという作業だったと言ってもよい。その一方、この計画のひとつの肝は、垂直路線と水平路線が出逢う場所に配置されるバス停のデザインと、その機能的な文脈付けだと直感した。バスを降りた人々が次のバスを待っているあいだ、この場所で何をするのだろうか、どんなアクティビティが発生するのだろうか、そんな想像を何度もしながらエンジニアたちとの打ち合わせに臨んだ。

バルセロナ市内のバス停。バス路線図といった基本情報に加え、無料 Wi-Fi が提供されている

10年を掛けてバルセロナが完成させたこの新しいバス路線は、エンジニアを中心とするモビリティの専門家集団（カタルーニャ先進

交通センター）と都市生態学庁の協働あってこその成果だ。どちらの技能が欠けても生まれなかっただろう。実際、プロジェクトを進めるにつれ、「街の形態に合わせたモビリティデザインは、純粋なエンジニアリングだけでは実現不可能では？」と思うようになっていた。

データを用いた定量分析は、人々の行動パターンや居住パターンを浮かび上がらせる。しかしパターンが、そのまま素晴らしいデザインに結びつく訳ではない。そこにはエンジニアリングやサイエンスとは別の技能、想像力を用いた創造力（クリエイティビティ）が必要なのだ。

シミュレーションだけでは都市は再生しない

都市生態学庁では他に、ポブレノウ地区再開発（22＠地区）、〈ビトリア市緑の指輪計画〉などを担当した。〈22＠bcn計画〉では、セルダブロックを九つ集めてひとつの街区とすることにより、その内側を歩行者空間に、外側のみを自動車道にするモビリティの再編を提案した。ビトリア市の計画では、市街地の無秩序な拡散を食い止めるため、都市の境界に中世の市壁よろしく、緑の壁を立ち上げた。

これらの計画には、後に上司となるカタルーニャ工科大学名誉教授ジャウマ・バルセロ博士（Dr. Jaume Barceló）が開発した、世界で最も使用されている交通シミュレーションのひとつ、エイムサン（Aimsun）が使われているのだが、それを初めて見た時の衝撃を今でも忘れることができない。1台1台の車がコンピュータ上で動き、現在の交通状況から

新しいバス路線図の初期案。水平方向と垂直方向、2種類を作成した。写真は垂直方向のバージョン（©Agencia de Ecología Urbana de Barcelona）

未来の状況が「科学的」に予測できてしまうのだ。

「こんなシミュレーション／視覚化を建築や都市計画に応用できたら……」、その思いが現在の僕の活動の核になっている。

モビリティ分析を通した都市再生。それをコーディネートすることが、いつの間にか僕の仕事になっていた。都市再生におけるその魅力とポテンシャルにしだいに惹かれていったし、意外と僕の性格にあっていたのだと思う。そもそも普通の設計事務所に勤めなかったことが、このような道を選択させたのかもしれない。

都市生態学庁では当時、所員は約30人、そのなかで建築家はたったの2人だった。その他、水理学者、統計学者、環境学者、動物学者、ジャーナリストと多様な専門家たちが集まり、都市に関してあらゆる角度から議論していた。協働作業からは学ぶことが多かったし、「建築家である僕にできる貢献とは一体何だ？」と、自分の存在意義を考えるようになっていった。

緑の壁を立ち上げた〈ビトリア市緑の指輪計画〉のポスター（©Ayuntamiento de Vitoria）

はっきり言って建築家は、エンジニアのように数式を用いてデータを整理したり、統計を武器に需要と供給を導き出すことには不向きな職能だと思う。その代わり、大枠で問題を整理し、異なる意見を聞きつつ、最終的に落とし込む空間を「視覚的に示すこと」に長けている。各分野から出てきたアイデアをくっ付けたり、ひっくり返したり、それでもダメなら回してみたりして、まったく新しいものを創り出す。そんな「創造力／想像力」を武器に闘っていく、建築家にしかできない役割だと思う。

ＩＴプロジェクトの責任者に

バルセロナの地を踏んで10年、公的機関で働き始めて8年が経つころ、それこそ建築家の職能に意識的になってきた矢先、ひょんなことから都市データを取得するためのセンサー創りに関わることになった。

欧州各都市は、都市のマネジメントをＩＴによって効率化するスマートシティを推進しており、バルセロナ都市生態学庁はそのトップを走ってきたのだが、このプロジェクトの責任者になぜか僕が任命されたのだ。

後にディレクターとワインを飲みながらその理由を恐る恐る聞いてみたことがある。返ってきた答えは、「日本人だからテクノロジーに強いだろうと思った」。

苦笑いするしかなかった。

だが、「その分野に無知であること」が功を奏した。当時、コードの書き方はもちろん、ＩＴ一般に関してすら詳しくはなかったが、ネットで探せばそんな情報はいくらでも落ちていた。また、どんなことがわかっていて、どんなことが「できないと言われていることなのか」といった、ＩＴ分野の常識を知らなかったので、かえって物怖じせずに済んだ。とりあえず「なにか動くもの」を創ろうと、不具合があればネットで調べ知り合いに聞いて手直ししながら形ができてきた。

ものごとの始まりなんてこんなものだ。

初めて取り組んだセンサー（eco counter）の試作品。街路にとりつけてテストをした

エンジニアリングの深みへ

センサーができあがり、人や車といった〝都市のなかで動くもの〟のデータが取れるようになっていった。生データから移動軌跡や移動時間などを情報として取り出すことは

難しいことではない。しかし、そこからパターンを抽出したり、そのパターンから将来の行動を予測するとなると話は違ってくる。そこに到達するにはもう1段階レベルアップする必要があった。だから、モビリティを専門に扱っているカタルーニャ先進交通センターに転職を決めた。

今まで僕が関わってきた世界とは違い、その職場ではものの見方が非常に工学的だった。データの正確さとそれを裏付ける理論、そして数理モデル。それまでやってきたデザインという行為がいかに曖昧なものなのか、思い知らされた。

挫折と孤立

カタルーニャ先進交通センターでは上述したバス路線の実証実験と共に、そのころ生み出されたばかりのＭＦＤ（Macroscopic Fundamental Diagram）理論を用いた交通マネジメントの有効性やその効果の測定の提案をジャウマ・バルセロ氏と練った。

各種センサーやタクシーデータ、オープンデータなどを組み合わせ、新市街地を対象にリアルタイムの交通情報収集とデータ解析の計画を立てた。将来的にはこの地区に通じるすべての街路に交通制御装置を設置し、地区内の交通密度が一定の割合を超えたら進入禁止にするなどの措置を実施し、今までにない効率的な交通マネジメントを実現する試みだ。

正直言って、この理論の裏にある数理を理解するのは困難だった。ある時は図書館にこもり、ある時はバルでワインを片手に一生懸命考えてみたがどうもよくわからない。ジャウマさんに聞きながらメモしたノートを、横から見ても上から見ても、回してみてもわからなかった。

このころはなんでも1人でやろうとして職場でも孤立していたと思う。「エンジニアでもない、カタラン人でもない」僕に対して、同僚たちの目も冷ややかだった。そのことがより一層、僕を自分の殻に閉じ込めていった。

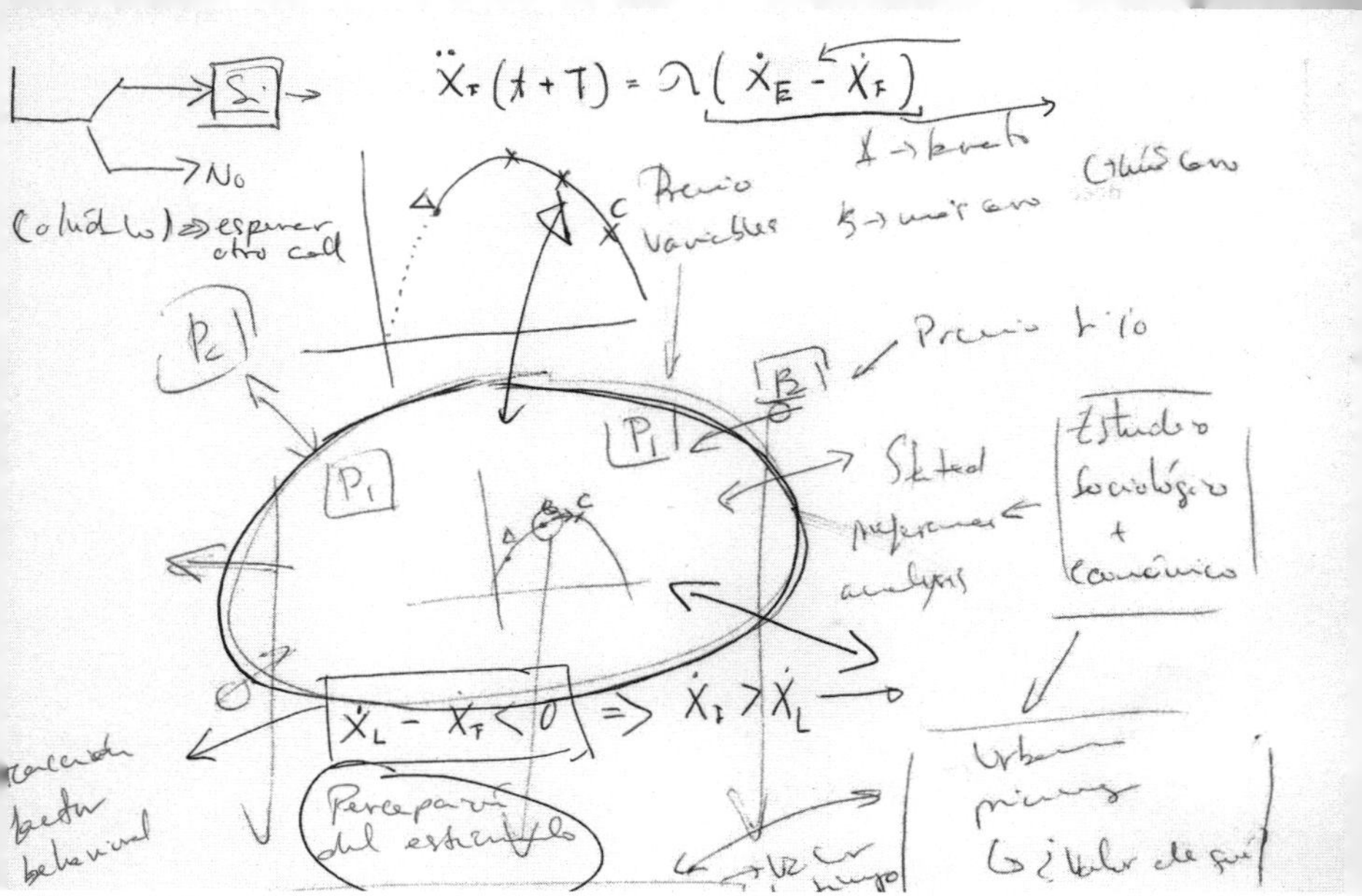

MFD を用いたプロジェクトのメモ

転機——曖昧さを大切にする思考

ＭＦＤ理論を生み出したカリフォルニア大学バークレー校のカルロス・ダガンソ教授には、上述のバス路線の実証実験やカタルーニャ先進交通センターでお会いするたびに貴重なレクチャーや丁寧なアドバイスをいただいたのだが、それでもこの理論を完璧に理解できたとは残念ながら言えなかった。数式で頭を一杯にし、何度も煮詰まりながらもミーティングに臨んでは落ち込む日々が続いた。そんな時だったと思う、隣に居たジャウマさんがふと呟いた。

「ＭＦＤは都市のなかで何が起こっているかを教えてくれる道具でしかない。重要なのは、それをどの文脈でどう使うかを考えることだ」

彼にとっては何気ない一言であり、その場にいた僕以外の交通工学の専門家たちにとっては当たり前のことだったかもしれない。だけど数理モデルの解読ばかりに躍起になっていた僕にとっては衝撃的な一言だった。「どんなモデルも都市に実装する際にはプランニング、そしてデザインこそが重要なのだ」とそう聞こえた。

もしかしたらそれは、僕の願望が生んだ妄想だったかもしれない。でも、その瞬間から、ふっと肩の力が抜けた。今までは見えていなかった景色が見えてきた。自分のできることを自分のできる範囲でやろう、と思いはじめることができるようになった。

そもそも、都市ビジョンに関わる問題は建築家の主戦場だ。時々刻々と変わり続ける交通状況、それに応じて変化する人々のアクティビティを予測し、街路ごと、地域ごとに特色ある計画を練るには想像力が不可欠だ。そこでは、数式によって答えを出す数理よりも、「賑わい」のような曖昧さを大切にする思考とそれに基づいて適切な環境を創造することが求められる。

ジャウマさんが数理部分を、僕がプランニング部分を受け持つという協働体制ができあがりつつあった。

独立——建築家にとって科学とは何か

そんなことがおぼろげながらわかってきたころ、独立した。スペインの不動産バブル崩壊と世界的不況の影響もあり、あまり仕事もなかったのだが、やるべきことははっきり見えていた。モビリティ分野で培ってきたデータ収集法や定量分析、シミュレーション手法を建築、都市デザインに活かす方法を発展させたかった。言うなれば「建築家にとって科学とは何か？」を考えることでもあったと思う。

都市にちりばめられたセンサーから人々のアクティビティに関するデータが送られてくる。しかしデータを集めたからといって何かが解決する訳ではない。一例が携帯電話の位置データだ。大量データを美しく可視化した映像を見せられれば人々のアクティビティがわかったような気になる。「なにか面白そうなことができそうだ」という予感は誰もが持てる。しかし実際に「具体的な何か」を示し得た例は驚くほど少ないのではないだろうか。

近接中心性(closeness centrality)という指標を用いたバルセロナ市のネットワーク分析

(次頁)ルーヴル美術館の展示室をつなぐ
ネットワークと主要作品の位置関係図

建築家である僕がどれだけこの分野に貢献できるかはわからなかったが、とりあえずやれることから始めてみた。できないことは素直にできないと言い、友人たちの助けを借りた。そうしたら、少しずつ人が集まってきた。バルセロナ中心市街地での消費者行動分析に基づく地区開発などのプロジェクトが舞い込んでくるようになり、講演会に呼ばれることが多くなった。MITから声が掛かり始めた。オープンデータを通して日本とのつながりもできてきた。また忙しくなってきた。

ルーヴル美術館——来館者の流れを分析する

そんな折、知り合いから1通のメールを受け取った。「ルーヴル美術館における来館者の流れや滞留をスムーズにすることによって、来館者体験の質を向上させる提案/研究はないか?」という。

それまで博物館における来館者調査と言えば、インタビューや目視による直接観察が大勢を占めていた。しか

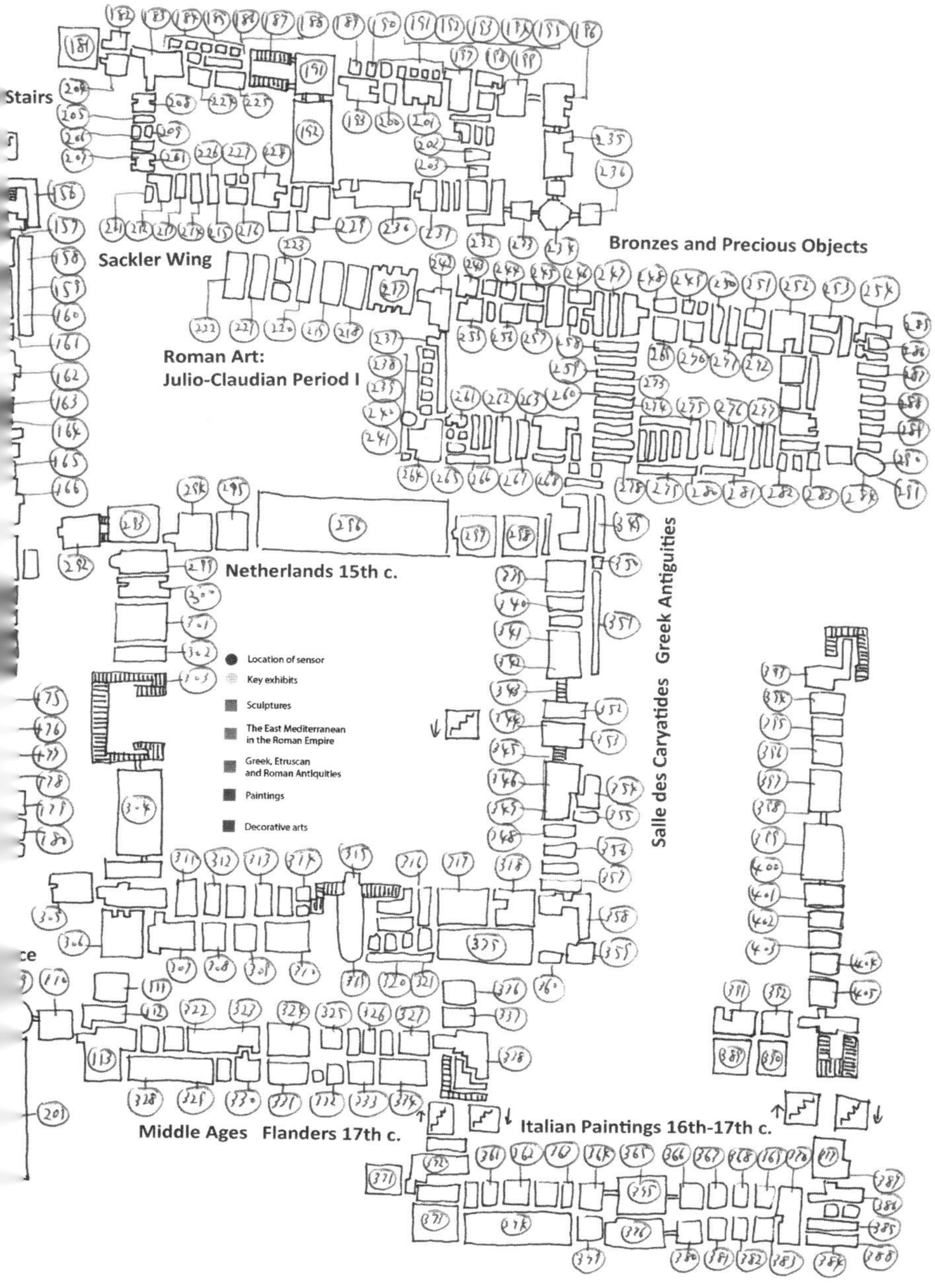
Stairs
Sackler Wing
Bronzes and Precious Objects
Roman Art:
Julio-Claudian Period I
Netherlands 15th c.
Greek Antiguities
Salle des Caryatides
Location of sensor
Key exhibits
Sculptures
The East Mediterranean
in the Roman Empire
Greek, Etruscan
and Roman Antiquities
Paintings
Decorative arts
Middle Ages
Flanders 17th c.
Italian Paintings 16th-17th c.

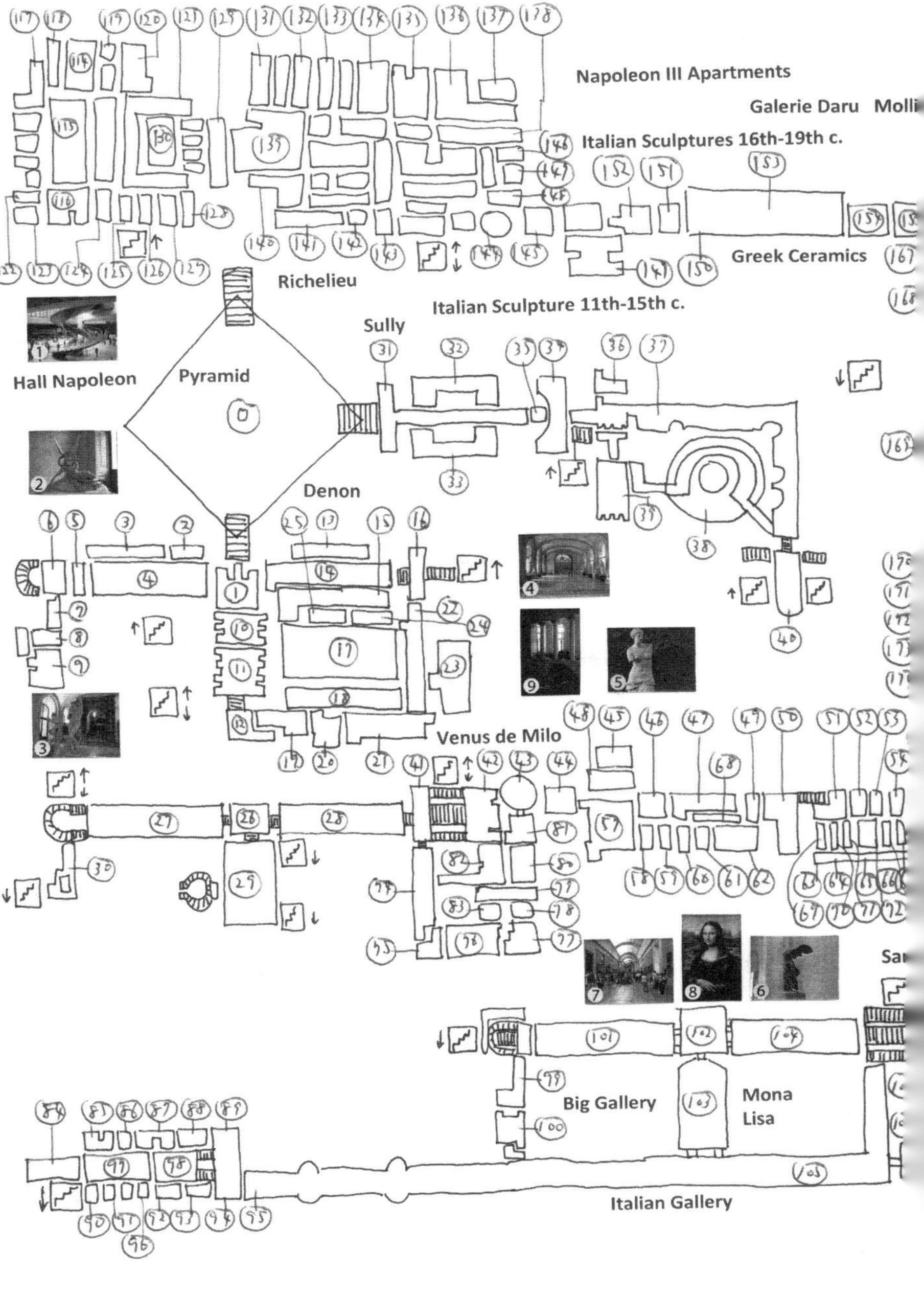
Napoleon III Apartments
Galerie Daru
Italian Sculptures 16th-19th c.
Greek Ceramics
Richelieu
Italian Sculpture 11th-15th c.
Sully
Hall Napoleon
Pyramid
Denon
Venus de Milo
Big Gallery
Mona Lisa
Italian Gallery

し、大規模美術館でマンパワーに頼った手法を採ればコストが掛かりすぎる。GPSは建物内では機能しないし、携帯電話の位置データは解像度が粗過ぎて使いものにならない。来館者にタグを渡すRFIDは手間だし、チップを入場券に備え付けるとなると大規模なインフラの改善が必要になる。僕の開発したセンサーはそのギャップを埋めるには最適のように思われた。

まず、ルーヴル館内で最も人気がある展示物や場所を10カ所ほど選び出し、1年ほどセンサーを設置した。このセンサーは、来館者のプライバシーに細心の注意を払いながら、携帯電話から出ている Bluetooth の電波をキャッチすることによって、各作品の鑑賞時間、館内における来館者の移動軌跡、さらには館内滞在時間などを大規模データとして蓄積することができるシステムだ。[*3]

創造力と想像力

現在僕が取り組んでいるのは、空間の影響を考慮しつつ、それら蓄積されたデータから来館者の行動パターンを抽出する作業である。

ルーヴル美術館は約300以上の展示室が複雑に絡み合ったネットワークとして表現できる。

館内での移動軌跡や滞在時間などは、モナリザといった展示物そのものの注目度もさることながら、空間を規定しているネットワークにも強い影響を受ける。一人ひとりの来館者をランダムに動く点としてPC上でシミュレーションすることで、表面に見えている行動の裏側に存在する規則性や法則のようなものを浮かび上がらせる。

時系列に沿った来館者の行動パターンがわかると、彼/彼女の次の一歩が予測可能になる。一人ひとりの個別的な動きがボトムアップ的に群衆パターンを生み出し、あたかもひとつの生物であるかのような様相を呈しはじめる。もしかしたらそのような動きは、蜂が蜜を探して巣を飛び出し、仲間を呼び寄せる群衆行動に似ているのかもしれないし、羊が群れを形成するアナロジーで説明できるのかもしれない。また、そのような科学的な知見は、絵画を鑑賞するという個人的な体験を、周りにいる人たちの影響をも考慮した、より質の高いものへと導いてくれるかもしれない。

一方、この科学的なアプローチが建築のデザインプロセスや都市計画にどう役立つかはまだわからない。「やっても無駄」な可能性もある。実際、講演会などでは建築家の方々から「一体なんのためにやっているのですか？　なんの役に立つのですか？」という批判が飛んでくることは少なくない。

それでも僕は、とりあえずやってみようと思う。実際にセンサーを創って、生のデータを見て、それを解析してみて、そこからどんな物語を膨らますことができるか、とりあえず見てみようと思っている。

やってみてわかることも、やってみないとわからないことも山ほどある。今までそうやって生きてきた。もしその先に何もなかったとしても、「ああ、そうか」と、そう思うだけだ。その時はまたやり直せばいい。

今の世の中、話が予定調和的に進むことなんてほとんどない。物事のキッカケなんて、たまたま出逢ってしまったことや、カフェでのどうでもいい会話のなかに潜んでいるものだ。だとしたら、たまたま出逢ってしまった偶然をいかにチャンスに変えていけるか、与えられた状況から、どうやって自分なりに物語を膨らましていけるか、それこそが重要なのではないだろうか。

〈注〉

＊1　地中海ブログ：グラシア地区祭り：バルセロナの歩行者空間プロジェクトの責任者だったけど、何か質問ある？：http://blog. archiphoto. info/?eid=1170625

＊2　地中海ブログ：バルセロナのバス路線変更プロジェクト担当してたけど、何か質問ある？バルセロナの都市形態を最大限活かした都市モビリティ計画：http://blog. archiphoto. info/?eid=1170754

＊3　地中海ブログ：ルーヴル美術館、来館者調査／分析：学術論文第一弾、出ました！：http://blog. archiphoto. info/?eid=1170770

ニューヨークで動き出す大都市の生態学

–New York, U.S.A

原田芳樹
Cornell University

ブルックリン・グレンジ屋上菜園

世界最大級の屋上菜園

早朝4時。まだ暗い中、マンハッタンの対岸にある旧海軍基地に到着。セキュリティを通過すると巨大な工場、倉庫、鉄条網、クレーンがハドソン川の水辺を埋め尽くしている。基地中央のビルに入り、懐中電灯を手に屋上に上がると、そこは別世界。頭上には空が開け、見渡す限り一面に黒色の土壌が広がる。ここは1・5エーカーの広さを誇る世界最大級の屋上菜園で、私が都市生態学の研究を続ける敷地だ。朝日が差し込むと、再建されたばかりのワールドトレードセンターやエンパイア・ステート・ビルディング、そしてクライスラー・ビルディングがギラギラと光り始める。この大都市にあふれるもの、それは大量の生ゴミ、使い道のない屋上、そして新鮮な食品に手の届かない多くの地元住民だ。屋上で生ゴミを再利用し、土壌をつくり、新鮮な野菜を直接供給する。これが打開策となるか、苦肉の策に終わるか、その鍵は生ゴミを分解する土壌微生物が握る。土壌サンプルを採るために辺りを掘り始めると、屋上いっぱいに湯気と土壌特有の匂いが立ち込め、朝日で真っ白に光る。これは微生物のシグナルだ。大都市に息づく「バイオロジー」に直接手で触れ、この目で見て、明日の都市像を考えていく。近い未来に、デザイナーや都市計画家、地元住民にとって、この「バイオロジーな感じ」がもっと身近なものになり、持続可能な都市デザインの切り札になれば面白い。

菜園の野菜を使った食事会(左：Photographed by Adam Milliron)と雨水処理やコンポストの説明、野菜の栽培等を行う体験型環境教育のようす(右)

新しい都市生態系の姿

屋上菜園の朝一番の来客は8人の観光客。NY市のサステイナブルなスポットを自転車で巡るサイクルツアーの参加者だ。皆20～40代前半で、ヘルメットとサングラスを付けたままガイドの説明に聞き入っている。ほぼ同時に現れたのは30名あまりの地元の幼稚園児。シティーグローワーズは子どもの体験型環境教育を促進するNPOで園児と共に菜園の一角でケールを育てる。このようなツアー型や体験型の教育プログラムは、菜園で開催されるイベントの20%を占める。その他のイベントは、結婚式やパーティ、ヨガクラス、菜園のハーブを使った染め物教室、健康料理の試食会、音楽やダンスイベント、大規模なものは独立記念日の花火見学で、屋上が毎年人で一杯になる。行政の視察も絶えない。昼過ぎ

には菜園代表者のベン・フラナーと合流し、アメリカ環境保護局（USEPA）からの来客にプロジェクト概要を説明。USEPAの目的は菜園を使った雨水処理にあり、質問のほとんどは土壌の保水と浄水機能に関するものだ。14時からは主要スタッフを集めNY市役所の職員から補助金の仕組みを伺う。緑地に関連する雇用は「グリーン・ジョブ」と呼ばれ、特にマイノリティを雇用する場合は行政から補助金が支給される。この仕組みを使って来週からインターンを受け入れることになり、アフリカから来た難民の女性が数名加わる。このように屋上菜園に関わる人々は科学者や行政関係者に留まらず、主婦や菜食主義者までさまざまだ。個々の顔触れが生態系に抱くイメージも、科学技術に基づいたものから、文化的な趣味や嗜好を反映したものまで十人十色。この多様なイメージを大きく束ね、需要に変えることで成立するヒト、カネ、モノの流れが、新しい都市生態系に他ならない。

（前頁）屋上菜園から西側のマンハッタンとハドソン川を臨む
（提供：Anastasia Cole Plakias, http://brooklyngrangefarm.com/）

野菜の育つ土壌の下にイオン吸着樹脂を埋め、漏れ出す養分や重金属を集める（隣は土壌水分計）

都市の生物地球化学

「都市生態学」という言葉をあいまいに感じる時は、どういった分野で成り立つか自分なりに考えるようにしている。今世紀初頭までは、都市における動植物の調査や森林の造成といった自然科学に、思想や環境史といった人文科学が混ざりあい「都市生態学のようなもの」を構成してきた。このような学域は、イギリス、ドイツ語圏、スカンジナビア諸国、アメリカ、日本といった複数の国や地域でそれぞれ独自の歴史を持っており、これらを一望する「科学史」が必要だ。そして人間社会の誰が、何を生態学と見做し、どういった制度を使って、どれ位の資本を動かすかという「ステークホルダーの行動学」が欠かせない。ペンシルバニア大学のトーマス・ダニエルズのように関連する内容に以前から取り組んできた方もいるが、もっと発展すべき分野だと思う。そして自然科学としての都市生態学の最新動向が必要だ。特に今日、急成長を遂げているのがアメリカの都市における「生物地球化学」と呼ばれる領域であり、私も重点を置いて研究を進めている。

屋上菜園の風上に隣接する発電所から排気が大量に到達する。植生に影響を与える窒素化合物を多く含む

たとえば、工場や道路から排気ガスが立ち上り、酸性雨として森林に降り注ぐ、といった図解は誰しも教科書などで目にしたことがあると思う。このような「物質の流れ」を考える学域が生物地球化学だ。1968年、ニューハンプシャー州ハバード・ブルック実験森林の研究者が、アメリカで初めて大規模な酸性雨を報告。工業化と都市化による生態系の汚染が、当時の大気汚染抑制法（Air Pollution Control Act）の想定を遥かに上回った。これを機に70年に現行に近い大気浄化法

屋上菜園で採取した雨水や排水、埃、野菜等のサンプルから養分や重金属を抽出し、濃度を測定する（コーネル大学ブラッドフィールド土壌科学研究所にて）

（Clean Air Act）が成立し、運営連邦機関としてUSEPAが誕生。環境計画において制裁の発動を含めた強大な法的権限と資本規模を誇るようになった。このように生物地球化学は法改正の根拠や効果を示し、政策決定に強く結びつき、アメリカの科学界で重要な位置を占める。私が研究の拠点を置くコーネル大学はハバード・ブルックで実験を指揮したジーン・ライケンズを69年に招聘し、生物地球化学の研究がさかんになった。現在は、森林、湖沼、河川、海洋、農地、都市などの研究群を連携させ、アメリカ科学財団の大型基金を複数運用しており、私は都市の研究群で緑地の研究をしている。

新しい都市インフラとしての緑地

私の実験では、都市緑地に「入ってくるもの」（例：大気からの埃や雨水等）と「出ていくもの」（例：緑地からの排水）を採取し、含まれる養分や重金属などの量を調べている。銀行口座の残高のように「入ってくるもの」

から「出ていくもの」を引き算することで、緑地が何を「溜め込んで」いるのか、もしくは「漏れ出して」いるのか、そしてどれくらい時間を掛けて物質が緑地を通り抜けるのかを測定している。たとえば、汚染の原因となる物質を溜め込む場合は「緑地は都市環境をキレイにする」と考えられるだろう。また台風の雨を緑地が溜め込み、少しずつ排水する場合は、下水道や排水溝にかかる負担を軽減すると考えられる。

都市で「物質の流れ」を大規模かつ人工的に制御する手段として、排水システム、浄水場、廃棄物処理場など、制御系のインフラストラクチャー（以下インフラ）がある。私の長年の夢は、新しい都市インフラとして緑地をデザインすることだ。散策やスポーツの場、避難場所など、すでに緑地は広い意味では都

屋上菜園で現在使用されている人工土壌と、新しく開発中の素材の水分保持能力を比較する（コーネル大学リーランド土壌実験棟にて）

市のインフラとして様々な役割を担っているが、制御系インフラとしての機能的側面はまだまだ発展の途上にある。下水道や浄水場に緑地がとって代わることはないと思うが、都市計画の観点で「ある程度役に立つな」と思われる水準にまで機能を高めることは可能だ。さらに、こういったインフラのごく一部でも、美しい緑地に姿を変え、人々の日常に溶け込めば、排水や保水、浄水といった、都市の脈動が見えるようになる。そうすれば、気候変動や海面上昇といった都市が直面する脅威も、身近な体験から理解できるかもしれない。これは、住民や行政、デザイナー、そして研究者がこれからの都市環境を共に考え、改善してゆくうえで重要な接点になると思う。但しこのような緑地の実現にはかなりの面積が必要だ。都市周辺の自然を大規模に破壊し、砕

石したり土壌をはぎ取って都市に緑地をつくるのでは本末転倒なので、完全に人工の土壌を使ったうえで、保水や浄水の機能を高める研究をしている。また屋上菜園に見られるような生産機能が高度化すれば、食やエネルギーの面で、都市の安全保障に貢献できるかもしれない。さらに人工土壌に混ぜる再生材料(例：コンポスト)の量を増やせば、都市の廃棄物処理機能も補強できるはずなのだが、なかなか良い土壌がつくれず苦労している。

建築からインフラストラクチャーへ

「新しい都市インフラのデザイン」という夢のきっかけは高校時代まで遡る。地元島根県松江市の県立図書館に通い建築分野の書籍を読むうちに、70年の大阪万博や人工土地構想、「東京計画1960」、その背景にある建

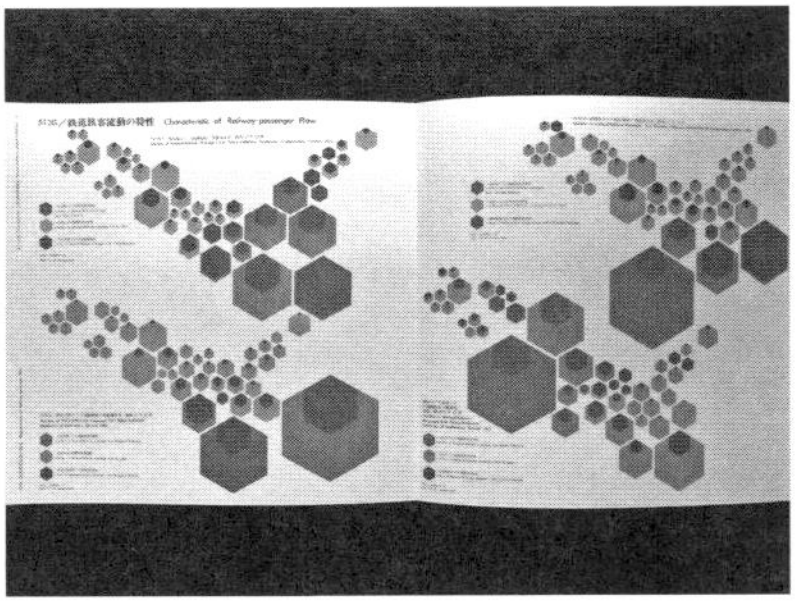

1967年に日本地域開発センターから出版された「日本列島の地域構造・図集」(右)(協力：古書店パージナ)
『ロード・エコロジー』2002年(左)(提供：Island Press)

築家の活動で頭が一杯になった。特に丹下健三と木内信蔵による『日本列島の地域構造・図集』のような図集や資料集は今でも大好きだ。構想の対象が地域や国土へと拡大するに従い、地域科学との接点が生まれ、河川流量や交通量などのデータ・スケープが浮かび上がる。そして個別の建築からインフラストラクチャーへ、文化から文明へと焦点が移る瞬間が衝撃的だった。高校生時代の感動は漠然としたものだったが、この影響に引きずられるように学部では建築を、そして大学院では地域科学を専攻した。しかし、生涯をかけて展開する自分の活動はまだ見い出せずにいた。

　そんな時に出会ったのが、リチャード・フォアマンが監修した『ロード・エコロジー』である。アメリカの道路網は、思い浮かべるのも難しいほどスケールの大きなインフラだ。

文明を象徴するような建造物を構想し、地域科学を通して全体像を描いている点が、高度成長期の日本の建築家や地理学者の構想と類似して見えた。その一方で、随所に見られる生態学の話では、さまざまな現象やそのメカニズムが詳細に論じられており、日照の変化や汚染物質の拡散に始まり、騒音、気温、風、動物や植物の種子の移動、エネルギー効率などにまでおよんだ。「道路網」という土木建造物の話なのに、そこには建築や土木とは全く異なる方法で具体的に空間が描かれている気がした。これは私の古びた妄想を新しい時代につなげてくれるヒントかもしれない。そう考え、編者であるリチャードのいるハーバード大学デザイン大学院（以下ＧＳＤ）ランドスケープ学科への留学を決めた。

都市の「主産物」としての生態系

ＧＳＤのランドスケープ学科には修士論文や研究室がない。そのため通常のカリキュラムに従うと、指導教官

にあたるものがないため、どうやって研究を進めたらよいか見当がつかなかった。そこで学科長と相談を重ね、自主研究制度を利用することになった。これは希望する教授に直接指導を依頼し、研究興味に関して文献のレビューやケーススタディを行うことで単位がもらえる仕組みだ。私は「廃棄物を使った人工土壌」に関してハーバード大学アーノルド植物園の研究者であるピーター・デル・トレディチと、そして「都市生態学の科学史」をリチャード・フォアマンと、合計二つの自主研究プロジェクトを履修し、それぞれヨーロッパとアメリカ国内の事例研究を行った。

都市生態学の科学史から学ぶことは多い。想像に難くないが、近代の都市生態学が対象とする「自然」は「人為的でない」という意味あいが強い。たとえば裏山のように開発を逃れた森林や、インフラ用地のような開発後に隔離された空間、そして廃墟や空き地のような見捨てられた空間は、ひっそりとしていて人の手のおよびにく

いイメージがあると思う。また日常的に目にするものでも、校庭の隅や土手の脇など、管理の行き届かない空間は多い。このような敷地は、都市の内部であっても、植生遷移や動物の移動のような自然のプロセスが現れやすく、都市生態学の典型的な研究対象だ。そしてこれらの生態系は意図的につくられるものではなく、どうしてもできてしまうものであるため、都市化の「副産物」として都市生態系を捉える場合が多い。

しかし人間がデザインし、建設し、管理する都市緑地も立派な生態系だ。セントラルパークのような大型都市緑地も、実験の主要な対象として、機能を解明し、改善することが、これからの都市生態学に求められていると思う。特に、我々はエコシステム・サービスという言葉を作り出し、環境の改善、スポーツや教育、他の文化的な活動に至るまで、生態系の様々な活用方法を明確に想い描くようになった。この期待に応えるべく、多くの人員と資金、物資、そして科学技術を使って生み出される都市生態系はむしろ都市の「主産物」として捉えるべきだと思う。正に私がＧＳＤで学んだ２００５〜07年前後は、人間が意図的に都市生態系をつくり出す新たな力が、目に見え始めた時代だった。特にジェームズ・コーナー・フィールド・オペレーションズ（以下ＪＣＦＯ）によるフレッシュキルズ公園やハイライン公園といった大型プロジェクトは、国際競技設計で注目を集め、着工間近の段階であり、このような大型プロジェクトがひとつでも動き出せば、都市機能は大きく変わる。私にとっての現代都市生態学とは何か。それを突き詰め、自主研究とスタジオが終盤に差しかかるころには「デザインの現場」と「デザインされる都市緑地の機能」に興味を持つようになった。特に当時設立されたばかりで、大型プロジェクトを手がけ、インフラと関連が深い、という点でＪＣＦＯでの実務に興味を持った。

インフラ用地の再生

ＧＳＤを修了し、ＪＣＦＯで実務が始まる。ハイライン公園やフレッシュキルズ公園の取り組みを通し、現場にはインフラ用地を扱うノウハウが蓄積しており、すでにあるものを学ぶだけで精一杯だ。たとえばフィラデルフィア市のレース・ストリート桟橋公園プロジェクトでは、小さなバーや教会における集会に始まり、１００人程度のワークショップ、そして３００人を超える公聴会までさまざまな住民参加の選択肢が用意された。敷地はデラウエア川に臨む古い工業桟橋であり、ベンジャミン・フランクリン橋の巨大な橋脚に位置する典型的なインフラ用地だ。近代の大規模な生産、輸送、消費、破棄を支えたインフラ用地は、人間の活動領域から隔離され、人間スケールを超えた空間が豊かな自然で満た

プロジェクトの敷地と身近な生活空間を比較するダイアグラム（左）と、レクリエーションや植生の選択肢を挙げ、コメントを募るようす（右）（提供：Delaware River Waterfront Corporation）

される。このような「すでにそこにある資源」を、プロジェクトの初期段階で住民に丁寧に説明していく。スライドでは市内の代表的な緑地や建物と、プロジェクトの敷地、周辺の大型構造物を並置し、住民の身体感覚や日常の生活から新しい環境を捉え直す。さらに季節ごとの水辺のようすや、地域に生息する動植物、そして長い間立ち入ることのできなかった場所からの新しい眺望を整理して紹介した。そのうえで、カヤック、コンサート、展望台、野鳥観察といった潜在的なプログラムを紹介すると、「眺望の良い場所は高台に」「入江では水との距離を近く」といったさまざまな声が寄せられた。こういったカタチのヒントをそのまま形態に落とし込み、公聴会からワークショップに移行するころには、敷地形状のプロトタイプは20〜30個に達した。

ワークショップで特に住民が興味を示したプロトタイプは四つあまり。それぞれを参考にし、カスタムメイドの案を含め、プランターやベンチ、手すり、ペーブメント、サインシステム等、人が直接触れる要素を慎重に提案する。これは人間スケールを超えた環境に住民が踏み出す「足場」をつくるプロセスだ。この段階に達すると、寄せられた意見を複合することで、最終像が見えてくる。朽ち果てる工業桟橋を補強してつくる公園なので設計は複雑だったが、デザインとそのプロセスは明快だ。勿論そこには、事務所やジェームズ・コーナーのテイストが関わり、それを学ぶことができたのは幸運だった。しかし、私にとって一番重要だったのは、敷地にそもそもあるべき需要を、妨げることなく集約していく、現代大型都市緑地の成立過程に他ならない。

大型の浸透池を作る前に、敷地の一部をブルドーザーで掘り、浸透層の深さと浸透速度を観察するようす（右）と、水分不足で弱った苗木の葉緑体の働きを専用センサーで測定するようす（100万本植樹プロジェクト）（左）

実験現場の面白さ

ＪＣＦＯにおける3年間の実務を終え、イエール大学森林学科の研究助手として「都市緑地の機能」の研究に取りかかった。私は博士課程に所属しない大学職員だったので自分の研究プロジェクトはなく、都市生態学デザイン研究室のプロジェクト全般のアシスタントだ。この研究室の面白いところは、ランドスケープの現場と実験をつなげようとする点だ。グリーンルーフや浸透池であれば自分たちでつくり、大規模な並木や公園の植樹であれば現場を部分的に担当することで、土壌の仕様や植栽の詳細な配置など、実験しやすいランドスケープをつくり出す。たとえばＮＹ市の〈１００万本植樹プロジェクト〉の研究は面白かった。地球温暖化の影響でハリケーンなどの被害が拡大するなか、ＮＹ市はさら

〈100万本植樹プロジェクト〉で集めた土壌と葉のサンプル。葉のスキャン画像から面積を測定する

なる都市の高密度化と人口増加を想定しており、制御系インフラにかかる負担を軽減するために、新たに100万本の木を街路や公園に植える計画である。研究の内容は木の成長速度と土壌成分の関連であり、簡易的なものだったが、初心者の私には十分な内容だった。

たとえば「こういう樹木は都市では育ちにくい」「都市の土壌は有機物の欠如、高pHなどの特徴がある」といった知識は文献でも目にし、実習授業では実物に触れる。しかし、何度も同じ敷地に通って現実の変化を目にすることで、そもそもどうやって科学者がこのような特徴を見出すに至ったか、自分自身で観察し考えるようになる。また並木や公園は毎日のように目にするが、機器や薬品を使って初めてわかる数値には、葉緑体の働きや土壌微生物の呼吸などさまざまなものがあり、身近なランドスケープの全く別の姿が見えてくる。そしていろいろな検査方法を理解したうえで、仮説、手法、予算、スケジュールをまとめ上げる実験のデザインは、現場を通してしか学べない。それまで文献や講義、ケーススタディを通して研究をしていたので、知識を現実で確かめ、生み出すことに、自分がやり甲斐を感じることを知らなかった。またフィールドワークや実験室での作業が、生活の一部になることが好きだとわかり、本格的な実験を取り入れた研究体制を考えるようになった。そして、生物地球化学に重点を置いて活動を拡大するために、13年よりコーネル大学での研究が始まった。

デザイン教育の現場

研究の傍らGSDで客員講師を務め、多くの出会いがあった。これをきっかけに、東海岸のさまざまなデザインスクールに招かれるようになり、現在も定期的にスタジオの講評員を続けている。生態学と都市デザインの融合という点では、ランドスケープ・アーキテクトに生態学を教え、都市デザインの世界に送り出すのが正攻法かも知れない。その一方で、今のところ一番印象的だったのは、イェール大学建築学科のコアスタジオであり、規模がつくり出す教育のあり方が見えた。講評会は学内外をあわせ20名以上の講評員を招き、二つのセッションを並行し2日間掛けて行う。お菓子や昼食、終盤にはワインやチーズの盛り合わせが途切れなく供給され、1日中講評が続いた後、夜には学長であるボブ・スターンの自宅パーティでさらに議論が続く。12年秋学期のテーマは「気候変動と都市デザイン」であったが、環境学者やランドスケープ・アーキテクトがほとんど関与しないスタジオであるにも関わらず、海面上昇や気温の変化、そして循環型エネルギーがつくり出す新しい

〈100万本植樹プロジェクト〉の敷地。様々な種類の樹木を5000本組み合わせ、特定の配置で植えることで、実験のしやすい緑地をつくりだす。アダプティブ・マネージメントの先駆けとして知られる

都市像が、オフィスビルからインフラ、水際や歩道のデザインに至るまで具体的に議論されていた。5人の教官が率いる大型の複合スタジオである点、そして学生の割く時間と労力が膨大である点では、匹敵するデザインスクールは限られると思う。あくまで建築学科のスタジオであり、私の将来に応用が利くとは限らない。しかしこの経験から、都市デザインと何かを融合させる場合には、少数精鋭の専門教育というよりは、むしろ大学の総力を上げた大規模な教育体制を考えるようになった。

見切り発車

「インフラとして緑地をつくる」という考え方は新大陸におけるランドスケープ・アーキテクトの発祥にまで遡る。そして今日この概念はランドスケープ分野や都市計画分野、そして行政を含めさらに一般的なものとなった。しかしこの考えが、どれほど野心的かという点はあまり理解されていない。例えば都市の拡大や衰退、気候変動、そして既存のインフラの老朽化は非常に早い速度で進行しており「インフラとしての緑地」を本当に実現しようとすれば、今すぐにでも緑地を大規模につくり続けていく必要がある。その一方で生態学や生物地球化学では、期待される緑地の効果が非常に予測しにくいという点がさかんに議論されており、ハリケーンや干ばつのような極端なケースはもとより、日頃の効果すらあまりわかっていない。そこで科学界と環境計画分野の出した結論は「見切り発車」だ。これは特に今世紀に入ってからは「アダプティブ・マネージメント」や「アプライド・マネージメント」そして「デザインド・エクスペリメント」という言葉で表現されることが増えた。その結論とは、研究と都市計画、そして大規模な緑地開発を連携させ、緑地をつくりつつ実験し、実験しつつ計画する、という新しい都市環境デザインの枠組みである。

もちろん実践するのは難しく、アメリカではビジョンが独り歩きしている感が強い。特にアメリカ科学財団や農務省（USDA）そしてUSEPAが想定する将来の研究者は、表向きは人間社会のリーダーとして強調されているが、自然科学の細分化された特定学域でかなりの業績を上げ続けることが前提だ。確かに、そのような生粋の生態学者はこれからさらに必要となる。しかし、都市を扱う分野から見れば、新しいリーダーがどのように誕生するのか、議論が空転している印象が強いのではないだろうか。

私は日本や東南アジアのアカデミア、特に都市工学や緑地分野の教員が目指す活動スタイルに答えがあると思う。たとえば日本では、それぞれの教員が実際のプロジェクトや委員会活動を通して社会に貢献しつつ、研究室ではさまざまな研究課題と学生を抱える一方で、特に専門とする学域に関しては論文発表を前提としたフォーマルな研究を行う。私はこのような環境で、私にできるすべてを使って、研究、都市計画、デザインの環を創っていきたい。今まで日本とアメリカで五つの大学と六つの都市、そして都市に関する複数の学域を渡ってきた。いつも何が達成できるか見えた時点で、歩んでいる道のりを通過点と捉え、さらに大きな視野で活動できたと思う。現在の研究は18年で区切りがつくが、すでにこれも通過点に見えている。次の段階に進むには準備に時間が掛かりそうなので、今から少しずつ取り組んでいこうと思う。

キャリー生態系研究所における若手研究者の強化合宿（14年春）。1983年に設立された同研究所は都市生態学分野で世界屈指の研究機関へと成長した。都市デザインとの融合に向けた研究者の育成はまだ始まったばかり

ランドスケープ武者修行

–Sydney, Australia

保清人
LOSFEE CO., LTD.

八王子のまちづくり
(©Sasaki Takasumi)

5年経ったらまた帰ってきなさい

実質的には、〝クビ宣告〟だった。温かい日差しとそよ風吹き抜けるオーストラリアのマンリービーチで、そのボスと別れてから5年めの日を、まだ復興には程遠い南相馬市にある保育園で迎えている。放射能の影響で満足に遊べなかった子どもたちに園庭を開放するランドスケープデザインから、園舎の増築にもつながったプロジェクトが進行中だ。ここは、園児だけでなく近隣住民も集まれるサードプレイスとしても利用される予定である。私が再び南半球の爽やかなビーチ沿いで仕事をするのはまだ先になりそうだ。

建築では0点でも、ランドスケープでは100点、かもしれない

大学に入り、建築デザインの楽しさに触れると同時に突きつけられたのは、環境問題であった。建築を学び始めた2000年（ミレニアム）は、未来の建築の姿を問われた年で、大学にも環境コースなるものができ、「環境建築当たり前」時代に突入していた。デザインは自由奔放を許す先生たちばかりで楽しかったが、私は環境を考えるあまり、人間の行為そのものが環境問題へつながるのではないか？　建築を建てること自体が悪になる！などと、エコテロリスト寸前の危険思想に至り、最終課題では建物を建てません！と豪語した挙句に、大学の課題で初めて0点をとってしまった。建築行為自体、無意味に思えてしかたがなかった時、〝つくらない提案〟をした私に、大学の恩師、東先生はいった。〝君のやりたいことは、まだ日本ではできない、海を渡りなさい。場所が違えば100点になることもあるのだよ〟と。

クビ宣告を受けたマンリービーチ
（©Miyuki Tamotsu）

私がランドスケープと出会ったのは中学生のころ、父がNYへ連れていってくれた時である。エンパイアステートビルからの夜景と、WTC、タイムズスクエアがつくるスカイラインとヴィスタには驚愕したし、セントラルパークの大胆さと壮大さに目を丸くした。公園は夜になると真っ暗なボイドになり、ハドソン川はモザイク模様のまちの夜景を有機的に切り取るエッジになる。それが画一的なマンハッタンの風景を際立たせるのだと、ランドスケープのラの字も知らない坊主頭で評価した。

大学で0点をとった年、建築以外のことも

学ぼうと、休学してアメリカへ留学した。できるだけ日本人が居そうにない場所を選び、かつ建築とも距離を置くことが重要だった。ところがそこウィスコンシン州は、フランクロイド・ライトの出身州で、彼のマスターピースが至るところにあったのだ。ユニタリアンチャーチまで徒歩2分、毎日ライトの建築を見てスケッチし、絵葉書にしていた。自然に無理なく佇む建築も悪くない、そこでは建築が風景に活かされていた。

建築をもう一度見つめ直す機会が欲しくなり論文を書いた。エジプトが生んだ天才建築家インホテップ、ギリシャのピキオニス、イタリアのアグリッパとマエケナス、スペインのガウディ、プーチボアダ、フランスのシュバルや、シャルル・ド・ゴール、ミッテラン大統領、ロシアのイヴァン・ザ・テリブルまで、建築家からアウトサイダー、権力者、支援者まで取りあげたところ、先生によい文章になったとほめられた。すると今度は現地が見たくなり、学校を退学してヨーロッパ、エジプトまでバックパッカーの定番ガイドブック『ロンリープラネット』片手に旅を始めた。異例の扱いで学費の返金に加え、論文の報酬だと軍資金もいただくことになった。アメリカ人特有の、人を認め投資できる人間性は尊敬する。出発してみると、当初は建築を見る旅だったはずが、途中から道、山、川、海、朝、昼、夜のまち、道行く人々やまつりの風景などを凝視していた。それがランドスケープとの二度めの出会いだ。よい風景づくりは建築以外のデザインからはじまる、という探求の始まりだ。

日本にもよい風景があるのは間違いないが、海を渡らなければ、その良い風景の基準ができなかったのかもしれない。

ツテも資格もなく

大学に戻った私は就職するならランドスケープ事務所にしたいと考えていた。オランダの事務所 WEST8 に憧れ、飛び込みで就活したところ、所長のエイドリアン・

ヒューゼから「卒業前なのに今すぐ来れるのか？　大学院には当然行っておいてほしい」と言われた。もうひとつの志望先メカノーにも同じ理由で断られた。根拠のない自信だけでなく、相手の基準を満たすのも世界へ挑戦するには大切なことだと実感した。

ツテもなく、基準もクリアできない自分を誰が拾ってくれようか。必死に大学院を探した。①多額の費用を掛けたくない、②古典的なガーデン・ランドスケープではなく、③国際色豊かな環境、④最先端、⑤多様な技術を持つ人たちと学ぶ。こんなわがまま基準が通用するかどうか不安であったが、奇跡的に北欧の国々がつくった修士プログラム「Urban Forestry and Urban Greening」を発見した。キャンパスはデンマークのコペンハーゲンとスウェーデンのマルメにあり、森林学、都市の緑資源のマネジメント、環境心理、ランドスケープデザイン、紛争解決まで、都市の緑をつくるうえで必要な学問を身に付けられる。この修士プログラムは北欧5カ国それぞれの農学系大学が連携してつくられたもので、２０５０年には世界の80％が都市化するという国連経済社会局の予測の下、ランドスケープ・アーキテクトに必要で多様なスキルを共有し、国際的な人材を育てるというミッションがあった。難関をくぐり抜け、世界中から選抜された８人と共に、学費も無料、生活費も一部補助という待遇で１年と少しの期間、デンマークとスウェーデンを行き来してのランドスケープ修行が始まった。

北欧生活

デンマークの下宿は１Kで家賃約８万円のうち半分の４万円は補助があり、自転車でコペンハーゲン大学まで10分程度。マルメの外れにあるスウェーデン農業科学大学に通う際は、シェアハウスで家賃は３万円。周囲に畑が広がり、海も近いのどかな場所だった。ハウスメイトは農業、畜産、園芸を学ぶ学生で、食材は庭の畑でつくり、皆料理上手。冬は地下でトマトを育て、マルシェで売る生活を過ごした。

勉強はレポート提出もグループワーク必須のため、議論とプレゼンテーション能力（論理的で、斬新で、かつ笑いをとること）が欠かせない。ただ私は当初まったくメンバーと折り合わず、苦労した。ポーランドの女性園芸家のガシャはとにかく心配性、ドイツの女性都市計画家マティーナは細かく斬新さを嫌い、スウェーデン人のトーヴァと一緒にスペイン人のマルコスの愚痴を言い、アイスランドのリュノーはグラフィックしか取り柄がなく、中国人の建築家ホァンは抽象的で何を言っているかわからない。皆まとめ係の私を困らせた。都市林の調査の方法、アイデア出し、レポート、プレゼンづくりも終始皆で取り組むが、植栽、木々、生態系の見解や空間の見方、方法論も違うため、喧嘩ばかりで進まない。ある時、私が怒ってなにもしないでいると、皆が黙々と作業をやり始め、すばらしいプレゼンができ、評価も高かった。まとめようとする私のがんばりが、彼らの自主性を削いでいたのかもしれない。

国籍も文化も多様なバックグラウンドを持つうえに、妊婦さんや社会人や天才もいれば、極めて平均的な学力を持つ私もいる。年代、性別、立場も違う。彼らとのグループワークでは相手の話を聞き、YES and ができれば、議論は建設的に進む。グループワークのノウハウを学ぶ授業をきっかけに喧嘩も減り、仲間は増え、生活が充実してきた。

君はいくら？

学業の後半は、就活も始めた。世界にはランドスケープ事務所が多く、ポートフォリオ、カバーレター、履歴書を添え、情熱を伝え続けることになる。１００通程度送ったうち、返事が来たのは5件程度、面接まで進んだのが2件。コペンハーゲンと、イギリスの事務所だった。面接まで行くと事務所の雰囲気もわかり、話は弾むが、そこには〝合う、合わない〟といった感覚も重要な採用基準となる。結果、すべて不合格で意気消沈し、卒業が数週間後に迫って、慌てふためいていた。

そんな時、毎日通っていた大学の図書館で見つけた本に、マグレガー・コックスウェル(McGregorCoxall)というオーストラリアの事務所を見つけ、彼らのエレガントで機能的なハードスケイプデザインと、環境(特に水問題)に配慮したソフトスケイプに惹かれてメールをしてみたところ「興味がある」と返信があった。最初のスカイプ面接は、共同経営者の2人エイドリアンとフィリップとの話だったが、二度めはスタッフの数人とも話すことができ、彼らの後ろで波の音が聞こえるほど、陽気な事務所だった。スウェーデンの凍える夜中に硬直していた私には、とても魅力的なオフィススケープに見えた。

事務所の歓迎会にて

事務所からのオファーは出たものの、正式なビジネスビザはもらわなかったため、修士取得後すぐ日本へ帰国し、数カ月の間で現在の妻と結婚を果たして、オーストラリアのビジネスビザの取得を待った。海外で働くにはスポンサー企業がつかなければならない。いわばプロフェッショナルなランドスケープ選手と契約するチームが必要である、といったところだ。

何度かビザが取得できないかもしれないとメールをもらい、不安に苛まれながらも、とりあえずシドニーの事務所へ向かった。結婚もして住む家もなく、仕事もないでは済まされない。もはや面接でもなく、就活でもなく、エージェントなしの契約交渉をしにいったと言ってもいい。ビジネスビザ取得には事務所の負担が多く、本気度が試されるため、彼らも本当に私が必要か検討する必要もあったのだ。交渉前日に現地オーストラリアで彼らの設計した場所をくまなく回り、作品の評価をプレゼンにまとめた。交渉後は検討すると返事があり、合否を待った。日本へ帰らなければならない日の前日に呼び出され、〝ＯＫ、君のしつこさには負けたよ。君を獲得するビザを見つけたよ〟。彼らも粘り強くいろいろな手段を講じてくれたようで、なんとか就職できることになった。ボスが帰り際に、〝ところで君はいくら？〟と聞いてきた。〝高いですよ〟と返したが、結局は外国人技術者の最低賃金で雇われた。

Quality of Work ——〝早く家に帰りなさい〟

これは共同ボス、フィリップ・コックスウェルの言葉である。１人事務所に残ってデザインを考えている私に、家にすぐ帰れというのである。日本では徹夜で仕事するのも珍しくないかもしれないが、この事務所ではありえない。カフェやパブのランチで商談も決まり、デザインも無理がなく、決断がすばやい。皆、定時で帰宅し、昼休みにもすこし長めにサーフィンを楽しむ。それでいてデザインのクオリティは高く、無駄がない。一方で私は無駄ばかりで時間を浪費しているとしか言えなかった。フィリップのいう〝早く帰りなさい〟はクオリティを上げなさいと言っているに等しい。私も仕事仲間に倣って彼らとサーフィン、プール、マンリーの街歩きで時間を過ごした。また休みの日は仕事せず、家族と過ごし、ストレスフリーに努めた。すると仕事のほうも力が抜け、仲間とのコミュニケーションも徐々にとれてきた。

残業は評価されない厳しい職場

マグレガー・コックスウェルはヨーロッパ、アジアでプロジェクトを持つ。仕事の90%はコンペを勝ち抜いて獲得してきたものだ。ドイツ人、ノルウェー人、イギリス人、中国系オーストラリア人など国際色豊かで、私は初の日本人である。

最初の担当プロジェクトはキャンベラにあるオーストラリア国立美術館のランドスケープと、韓国のウォーターフロントのコンペだった。美術館では主にベンチとLED付き手すり、舗装のデザインを任され、コンペでは全体的なデザインのまとめをグラフィックデザイナーのジャックと仕上げる仕事を担当した。美術館では不慣れなソフトでCG、施工図まで初めてのことばかりだったが、石工の職人さんと石の切り出しから輸送までエコロジカルフットプリントについても検討するなど、ランドスケープに求められるデザインとエコロジーの両端を経験できた。

オーストラリア国立美術館のランドスケープでは、ベンチ、手すり、舗装をデザインした（©McGregorCoxall）

韓国のコンペは、ソウル市内にある漢河沿いエリア117haを観光・商業にすぐれた環境都市へ生まれ変わらせるための実施コンペである。提案には総合的なインフラシステム、エネルギー、湿地帯の保全と工業団地、住宅のデザイン、フェリー乗り場、橋梁、地下構造など多岐に渡り、豊富な知識と斬新さ、実現可能性も求められた。マスタープランはフィリップがスケッチで描き、ジャックが建物や地形を自由につくった。私はその斬新なデザインをリアリティある断面図で仕上げ、実現可能だという根拠をつくりあげた。結果特別賞を得、100万円ほど獲得できた。最初はコミュニケーションが足りず、かなりの時間を使ってしまったため、何もとれなかったらクビだと思うほど緊張していた。だが無情にもその矢先、クビ宣告されることになる。

転職、そして帰国

08年当時、リーマンショックで世界恐慌に陥ると事務所のプロジェクトは止まり、年収の高い日本人選手である私を受け入れる余裕もなくなった。とはいえ〝5年後にまた仕事しよう〟というボス2人の慰めも、まともに耳に入ってこなかった。妻にクビを伝え、日本に帰ろうと促すと、彼女は〝あきらめないで、もうちょっと挑戦しようよ〟と言ってくれた。だが不況下で、かつ手続きも面倒な日本人の私を雇う事務所は見つけにくい。数週間経っても見つからなかった。そんな折、妻が新聞の広告を持ってきた。建築会社ではあるが都市デザインもやっている事務所。早速電話した。偶然にもそれは日本人建築家の事務所で、所長の池田さんは熱心に私の話を聞き〝ランドスケープがしたいなら私の事務所ではないほ

うがいい。友人に聞いてみるよ〟と言ってテイラー・ブレマー・ランドスケープ・アーキテクツという事務所を紹介してくれた。10数名の事務所だがUAEのアブダビにも事務所があり、ドバイの大規模な人工島、パームデイラショッピングモールプロジェクトにも関わりながら、オーストラリアの行政や民間の病院、介護施設、集合住宅、個人庭、屋上庭園、歴史的なランドスケープの保全とリノベーション、森や小川の再生、環境調査、プロダクト設計など、あらゆる仕事がある。

私も1年ほどのあいだにそれらすべてを経験することができた。オーストラリア政府の迎賓館のランドスケープ・リノベーションでは日本を意識した桜、梅やツワブキなども補植し、病院では歩行感覚を刺激するリハビリ用の舗装を10種類設計、個人庭では周囲の植生を研究し種や株分けし移植するなど生態系ネットワークづくりも行った。ジョージアン様式の施設に続くストリートデザインでは、舗装、ごみ箱やサイン、ベンチなどもジョー

ジアンスタイルに統一、マッコーリ大学の屋上庭園では、プランターのデザイン、デッキシステム、折り紙をスタディしてつくったベンチの設計など、素材と工法にもこだわった。どの仕事も、基本的に私はルーキーなのでサブ的な関わり方なのだが、細かいデザインは主担当を務める場合もあった。また、事務所ではヒエラルキーがないため、主とサブが入れ替わり同時に多くのプロジェクトを受け持つ。最終チェックだけはボスが行うが、旅行でボスがいない時などは、自分たちで決めてしまうこともあった。

　実務を通して実感したのは、ランドスケープの汎用性である。土地の環境さえ把握できればどこでもデザインが可能だ。オーストラリアは湿地から乾燥地、熱帯地域もあり、どんな植物も育つ国である。北欧ではそうはいかない。ボスのマシュー・テイラーは植物博士並みの知識を武器に、世界中の仕事をしていたし、実際オーストラリアのランドスケープ事務所はアフリカでも、中東、アジアでも引っ張りだこだ。

2年間暮らした自宅と自宅から見える夕焼け（©Miyuki Tamotsu）

　ところがある時期から所員の多くが休みがちになり、私とボスだけが職場にいることが多くなった。実はあの世界恐慌の第二波の影響でプロジェクトがまた止まり始め、フルタイムのスタッフもパートタイムになっていったのである。私のビジネスビザの規定ではパートタイムにできず、私のために同僚が給料を削る状況だったのだ。例にもれず、しばらくしてボスに人生二度めのクビ宣告を受け、帰国することとなった。アメリカ、北欧、オーストラリアの次は日本という国へのランドスケープ武者修行の始まりである。

Quality of life

シドニーで働いた約2年の間は、最初の事務所で年収約３８０万円、事務所が変わって４２０万円程度、交通費は実費。保険は約５万円。オーストラリア人一家のガレージ小屋１ＬＤＫ、シャワー、トイレ、シェア中庭付きで月に10万円程度、1年で賃料が2万円程度上がってしまったが、金利も高いので預金し、運用した。昇給の期待はほとんどないので、年収は就職する際の交渉で決まる。

シドニーでは妻と2人でギリギリの生活を送っていたが、庭で野菜を育て、妻は幼稚園でボランティアをしながらも、お寿司屋さんでのアルバイトで家計を支えてくれた。ランチはサンドウィッチ。週末は市場に出かけ、安くて新鮮な食材を手に入れて2人で料理をし、大家さん一家と週末問わずバーベキューを楽しんだ。妻が妊娠した時は病院通いで医療費が嵩むかと思ったが、外国人が加入する比較的高めの保険のおかげで医療費はフルカバー。子どもを大切にし、国力増強の糧とする政策には感服する。こんな国ならまた戻って来たいし、娘たちも喜ぶだろう。

帰国後に手がけた鹿児島のデパート、マルヤガーデンズの〈屋上庭園ソラニワ〉（左、©Matsushita Mizuki）と〈地中別荘〉からの風景（右、©LOSFEE）

アジア、ヨーロッパの文化が入り混じるオーストラリアはデザインや食事もバランスよく、特に子ども服のデザインは素材も含め洗練されているし、オーガニック製品も有名だ。世界一のバリスタが多く輩出されるだけあり、スターバックスを見たことがないほどカフェは充実し、サードプレイスが充実している国である。世界一幸せな国ランキング常連のオーストラリア、デンマーク、スウェーデンで暮らせたことは私にとって最大の幸せである。

何でも屋、ランドスケープ・アーキテクト

〝LEST WE FORGET〟。デンマーク時代に出会い、オーストラリアに移った時に亡くなったアーティスト、ブーセン・マラーと別れ際に約束した言葉を、偶然にもシドニーのホスピスのランドスケープで使うことがあった。Lest we forget は亡くなった人たちの思いを忘れることのないように、という言葉である。ローズマリーに包まれた石碑にその言葉を刻印し、死を悼む参列者に語りかけるデザインだった。

そのデザインを最後に、私はランドスケープ武者修行四番めの国、日本に帰って来た。帰国後の私はなんでも屋のランドスケープ・アーキテクトだ。マグレガー事務所とも図面や電話のやり取りを続けながら、奄美大島の〈地中別荘〉ではツーリズム事業を立ち上げ、鹿児島市内のデパート、マルヤガーデンズでは〈屋上庭園ソラニワ〉のデザインを担当し、精神科系のハートフル隼人病院では、患者のストレスを緩和する風景デザインと同時に、環境負荷の少ない土づくりや樹皮マルチングを、森林組合との協働で実践した。八王子市では、NPO法人を立ち上げ、親子のためのポケットパークづくりを行いながら、住民、行政、企業、大学、まちづくり法人、市民団体、他のNPO法人など、多様なステークホルダーと実践型の総働まちづくりを行っている。まちの人が望めば、時にファシリテーターを引き受け、時にデザイナーやプランナー、施工も行う。要するに、まちの風景をよくするための活動が私のライフワークだ。外国ではデザイナーマインドを植え付けられたが、日本のまちづくりにはマスターデザイナーは必要ないと思っている。多様な人々が総働することがまちの風景を変えると感じてきたからだ。総働できる状況づくりは北欧で何度もスタディしてきた。日本での方法論は暗中模索だが、これまでの経験や出会いを忘れることなく、未来の子どもたちへよい風景をつくっていきたい。まだこの国でやれることは多い。

八王子のまちづくり（上）と、八王子市中心市街地でのワークショップ（下）
何でも屋ランドスケープ・アーキテクトとして修行は続く（写真上 ©Sasaki Takasumi）

第1回
地区
WORK
① 自己紹
WORK
② 商業塾
ソフト)の

トロピカル・ランドスケープデザイン

—Singapore

會澤佐恵子

Salad Dressing

ボルネオ島の熱帯雨林。光を求め、樹冠めがけてのびるツタ植物。トロピカル・レインフォレストは生命感にあふれている

都市の小さな緑の楽園

シンガポールの日の出は7時と遅く、目を覚ますとまだ外は暗い。支度をして出るころにはすっかり眩しい青空。ヤシの木の茂る静かな住宅街から、ビジネス街の中心へ。たくさんのビル群に囲まれたなかにひっそり佇む平屋の建物が私の勤めるランドスケープ事務所、サラダドレッシング（Salad Dressing）のオフィスだ。最近あったことや水槽の魚たちのようすなど、同僚との他愛ない朝の会話を楽しむ。オフィスの庭には乾季特有の強い陽光が差し込み、池の水がいつもより透き通って見える。池の水は植物の自然浄化作用によって保たれており、グリーンウォールはさまざまな種類の植物が住処を分けあ

い、トンボやカエル、カワセミやウスイロキチョウも訪れ、ちいさな生態系をつくりあげている。毎日変化する自然のようすを見ながら仕事ができる環境が気に入っている。今日はスタッフにマレーシアのリゾートの実施設計図の手直し指示をしてから、進行中の国内プロジェクトの現場確認と打ち合わせ、オフィスに戻ると代表のファイヤンが近々プレゼン予定のプロジェクトのデザインレビューを始めたところ。スタッフ全員が集まって話に耳を傾け、ディスカッションをする。話は尽きず、同僚と近場で夕食をとってからオフィスへ戻り、デザインをブラッシュアップするチームと、その他急ぎのプロジェクトを進めるチームに分かれて作業。夜も更けたなか、タクシーで帰宅する。

オフィスの庭のグリーン・ウォールの前で集合写真。下段右から四番目がファイヤン、上段右から三番目が筆者

気鋭のランドスケープ・アーキテクト、チャン・ファイヤン

大学で建築を学び、UG都市建築で都市計画や地域ブランディングに関わりながら建築設計に携わって6年経った後、サラダドレッシングに転職した。サラダドレッシングのことはインターネットで知った。海外就職を意識しはじめた時、シンガポールの新進気鋭のランドスケープアーキテクトとして代表のファイヤンを特集している記事を読んだのだ。そのネーミングセンスと、そこに映っていたオフィスの雰囲気と、建築をバックグラウンドにしながらランドスケープとガーデニングの垣根を越えようとしているところに、共感するものがあった。幼少期を過ごしたシンガポールが成長著しいアジアのハブとしてこれからどう変化していくのか興味もあり、転職

活動時はシンガポールの事務所に焦点を絞った。建築事務所とランドスケープ事務所のいくつかにポートフォリオを添えて訪問依頼のメールを送ったが、第一希望のサラダドレッシングから最初に返事がきた。幸運にもファイヤンが来日する機会があり、東京のカフェで面会した。初対面でもとてもフランクな彼の語りに、はるばるシンガポールから来たという感じがなく、自然体で話ができた。ポートフォリオには学生時代から前職までに担当した作品のなかで自分が気に入ったもの、たとえば、能楽堂を抽象化した公園、絞りの着物を遠景と近景から楽しむギャラリー、葉脈のパターンを配した有孔鉄板ファサードのディテールスタディや自分のハンドドローイングなどをまとめた。世界で仕事をしたいという思いを伝えるため、海外滞在経験やイタリアでのワークショップのようすなども盛り込んだ。ファイヤン自身が建築のバックグラウンドを持ち、日本の文化や建築から多くのデザインメソッドを学んだ経緯から、面接では建築、マテリアル、日本の文化やデザイン哲学に話がおよんだ。東南アジアには技術はあるが、コンセプトが足りない、そうしたものを大切にする空気をオフィスに持ち込んでほしいと言われた。最後に、熱帯の植物を学ぶ気概があるか、世界で仕事をしていく意欲があるか、意思確認をされ、2012年の秋から勤務することが決まった。

サラダドレッシング事務所。高層ビルの建ち並ぶシェントンウェイでは珍しい緑豊かな環境(上) オフィスのインテリア。代表のファイヤンによるハンドドローイングの壁画には“自然を愛するには何をもってもまず芸術を愛することだ”というオスカー・ワイルドの言葉が添えられている(下)

Are You Happy? ——転職直後に担当した四つのプロジェクト

初日は今後担当することになるプロジェクトの説明を受け、さらに同僚の現場打ち合わせに同行し、帰社後別のプロジェクトのデザインディスカッションを終えて、23時に帰宅した。同じ週にはマレーシアのジョホールのナーサリー（園芸場）へ赴いて植物の選び方を教わり、その月のうちに海外出張も経験した。結果、入所してすぐに4件のプロジェクトを担当。シンガポール国内のコンドミニアム（高級集合住宅）として、敷地面積4千㎡・ユニット数150戸と比較的コンパクトな〈ラ・ヴイ〉、敷地面積5 ha・ユニット数1千戸超と大規模な〈ザ・ミントン〉と〈ザ・ラグジュアリー〉のはじまったばかりの現場監理。それから初回プレゼンが終わったばかりのマレーシアのリゾートホテル〈アリラ・ダリット・ベイ〉の基本設計だ。国内で毎週3件の定例会議への出席と、数カ月に一度の海外出張をこなしながら、オフィスにいる時間を調整や設計にあてた。休日にはファイヤン自らに植物園やナーサリーを案内してもらった。緑をマテリアルとして空間をつくりあげていくんだ。そう考えると建築の延長でデザインを考えることができるでしょう、と。

サラダドレッシングではシニアスタッフがプロジェクトを複数件かけ持ちして担当し、それをジュニアスタッフがサポートする。特に固定のチームに分かれてはおらず、プロジェクトごとにフレキシブルにチーム構成を変える。自分の担当以外のプロジェクトにもアンテナを張り、お互いの得手不得手を理解し、協力しあって仕事を進めている。スタッフ同士の関係はフラットで、和気藹々としたものだ。私は入所した時点では、職種こそ違え、建築家としての職歴があったのと、年齢的に事務所で一番上だったこともあり、シニアスタッフに配属された。国も職種も新しい環境で、さらに前職では指導するという経験が少なかったので、初めは戸惑った。だが、このフラットな関係に救われて、自分が知らないことはジュニアや外部の人間からでも教わり、逆に相手へは日本のデザイン文化や経験をもとに、自分なりの視点でデザインレビューしていくという関係でなんとかやってきた。

サラダドレッシングには事務所のスタンスとして、皆で仕事をとことん楽しむという精神がある。〝Are you happy?〟入所したばかりで、いろいろなことに戸惑って方法論ばかりにとらわれていたころ、同僚から突然問われ、はっとさせられた。植物を相手にしているからか、ランドスケープを仕事にしている人は他人のようすや状況の変化に敏感で、やわらかな気質の人が多いようだ。忙しい都市生活のなかでもそういう問いかけを忘れない人は素敵だと思った。

アーティストたちとの共同生活

現在の住まいは空港に近いイーストエリアにある築30年の古物件。知人の紹介で庭付きデュープレックスタイプ、目の前は公園、という好条件に飛びついた。香港から帰化したアメリカ人とシンガポール人のカップル、それにブルガリア人女性の合計4人の共同生活。家賃も高く、日本のようにワンルームマンションのないシンガポールでは、3LDKの住戸をシェアして暮らすのが、現地採用外国人の一般的な選択肢だ。日本でもコレクティブハウス内で共同生活をしていたため、他人とシェアして住むことには慣れていた。全員が

オフィスでのガーデンパーティー。熱帯の植物でテーブルを彩るトロピカル・テーブル・アレンジメント。プルメリアやゲッキツの花を添えて

アート関係者で、家には彼らの作品があちらこちらにばらまかれている。料理上手な彼らは、時々同世代の仲間を呼んでホームパーティをする。成熟しているとは言いがたいこのシンガポールでアーティストとして自立していくことの難しさと楽しさを語る彼らは一様に明るい。政府に抑制された表現の自由、表に現れない閉塞感やアイデンティティの渇望などが原動力となっているようだ。遅くまで仕事をしたり、出張で不在がちな私のことも気遣ってくれる、ありがたい存在だ。週末、仕事のない日は同僚や日本人デザイナー仲間とギャラリーやナーサリーへ出かけたり、音楽仲間とジャムセッションをしたり、自転車で海岸へ行きがてらカフェで1人の時間を過ごしたりと、その時々の気分で楽しんでいる。

トロピカル・ガーデン・ランドスケープ

シンガポールでは00年代からダニエル・リベスキンド、ノーマン・フォスター、槇文彦、伊東豊雄などの海外建築家が活躍したが、一方でシンガポール国内の建築界を牽引しているのが有名リゾート〈アマヌサ〉や〈アリラ・ウブド〉などを手がけたケリー・ヒル事務所である。今はその事務所出身の若手建築家WOHAやArea Designsなどが国内外で活躍し始め、東南アジアの新しい建築家の系譜を築きつつある。サラダドレッシングは代表のファイヤンがトロピカル・ガーデン・デザインのできる数少ないランドスケープ・アーキテクトの一人であることも影響しているのだろう、彼らとの協働も多く、建築とランドスケープのとけあうようなデザインを展開している。私は「ランドスケープ＝自然をふく

トロピカル・ガーデンのお手本、バリ島の〈タマン・ベベック〉。ファイヤンが携わったリゾート

アーティスト井上隆夫さんとの共同作品〈ドリアン・スツール〉。悪臭ゆえにローカルにとどまっている果物の王様、ドリアンをアクリルに封じこめ、トロピカルの美しさを外の世界に伝えるアートワーク

めた風景」、「ガーデン＝人が自然を模してつくりあげた場所」と理解しているものの、デザインする際はそこに境界を感じないよう心がけている。大学で建築を学び、バリ島のガーデン・デザイナー、マデ・ヴィジャヤの下でトロピカル・ガーデンを学んだファイヤンは、自然とその境界を超え、仕事の幅も分野を超えてあらゆる方面へと広がる。入所当時10名程度だった事務所は現在22名。バンガロー（高級一戸建て）、コンドミニアムなど住宅系の仕事にはじまり、最近はリゾートなどの商業・宿泊系、アートワークなどを多く手がけるようになった。プロジェクトの場所もシンガポールの他、インドネシア、マレーシア、タイ、インド、中国、アメリカ、ローマ、ドバイ、日本などさまざまで、国際的に展開している。事務所のコンセプトは〝トロピカ

ル・ガーデン・ランドスケープ〟と〝自然と人間の橋渡し〟。時に物語の語り部のように、詩人のように、熱帯雨林などの自然のなかの美しさを見出し、それを人々の生活圏になじむように紹介する。ここ数年のテーマは〝自然を人にあわせる〟のではなく、〝人が自然にあわせる〟。人が自然を理解することで、緑と人がお互いの生活圏を重ねながら広げていくことを目指している。

多様性あふれるチームアップ

またこの事務所ではスタッフ以外にも強力なサポートメンバーがいる。アイデアを実現するために、その都度最適な人とチームアップする。ヴィンセントは探究心と情熱に満ちたプラントハンター。デレックは樹木医で生物多様性について化学面からも詳しい。デヴィットは水景からプログラミングまで、テクノロジーを駆使してマルチに活躍する。イタリア人のロベルトは詩性に富んだ美しい作品をつくり、ファイヤンと良い意味で凸凹のマッチングをみせるランドスケープ・アーティストだ。フランス人建築家のロマンは、前衛的なデザインセンスで詩的な案を堅実に構築する。上野卓夫さんはファイヤンのバリ島時代からの友人で、〝木〟というマテリアルや、ディテールから建築デザイン哲学まで詳しい。長谷川由紀夫さんは竹建築のセルフビルドからマスタープランまで幅広く手がける。ファイヤンはこうした面白くて信頼できる仕事人たちを世界中から事務所に迎え、臨機応変にフットワーク軽く協働することで、わたしたちスタッフに〝Think Locally, Act Globally（地域を思考し、グローバルに展開せよ）〟という考え方と、〝縁〟をもたらそうとしてくれる。

最も多様性のあるチームアップは長崎での展示作品〈おじぎ草の夢（The Bowing Grass Dream）〉で実現した。シンガポールから私たちランドスケープアーキテクトの他、アートディレクター、音楽家、ウォーター・スペシャリスト、プログラマー、植物スペシャリストを、日本

〈おじぎ草の夢〉雑草と人が向きあう瞑想空間としての庭。数分に一度、プログラミングされた水滴がおじぎ草に落ち、訪れる人をもてなす（上）。虹をかける人、ファイヤン。会期中はファイアン自ら来場者にそれぞれの植物の物語を語った（下右）。庭の中心にある、木の板のれんでできたパヴィリオン（下左）

から建築家、造園業者、宮大工、パフォーマンスコーディネーター、ダンサーを集めたスペシャルチームだ。彼らとの協働は慣れないことの連続で苦労もしたけれど、デザインプロセスからテクノロジーや施工にまで配慮した設計、デザインアーキテクトとしてチームをまとめあげることなど、多くを学んだ。ファイヤンはよく自らのチームを海賊になぞらえるのだが、ばらばらの個性が同じ方向へ向けて進んでゆく自由さと団結力や、これまでにないことを成し遂げようとする意欲と推進力は、まさに海賊仕事という感じであった。

シンガポールのジレンマ

サラダドレッシングはアトリエ系としてユニークなデザインで知られ、桂離宮の竹の生垣からインスパイアされた竹のトンネルや、

〈アリラ・ダリット・ベイ〉敷地内にバイオスウェル（生物湿地）を設け、自然のエコサイクルをつくる（©Salad Dressing）

人の出入りの余韻を楽しむ木製カーテン、ゴンドラを利用した移動式ガーデンなど、冒険的な提案もできるところが面白い。ただ、シンガポールでは一般市民の環境バランスやエコへの教育・意識レベルは意外と低く、エンドユーザーにとって壁面緑化などは〝商品〟、つまり格好をつけるためのものであり、その需要にあわせるコンドミニアムの民間デベロッパーには、「メンテナンスが簡単だからこの樹種を使え」だとか、「子どもが蜂に刺されるから花や果実のなる植物は植えるな」だとか注文をつけるところも多い。種の多様性という観点からはデザイナーの思うような提案がとおりにくいジレンマを抱えている。行政も60年以来、管理しやすい外来種や植樹間隔を採用してきたのだが、やがて虫害や鳥害が発生したり、固有種が減少し始めたことを受

け、環境バランスへの危機感を抱き始めたようだ。96年には「庭園都市(Garden City)」から「庭園の中の都市(City in the Garden)」にスローガンを変えるなど、国民が都市で自然とつきあうための意識改革を図っているが、浸透するまでにはまだ時間が掛りそうだ。

東南アジア諸国の生物多様性と風景

入所当時から担当している物件に、ボルネオ島コタ・キナバル(マレーシア)のリゾート、〈アリラ・ダリット・ベイ〉がある。島内のキナバル山の麓には世界遺産にも登録されるほど生物多様性に富んだ熱帯雨林が広がり、世界最大の花であるラフレシアや食虫植物のウツボカズラなども見られる。だが開発ラッシュのコタ・キナバルは、シンガポール的なショッピングモールや高級ホテルなど、外来

〈ザ・ミントン〉シンガポールでも珍しく生物多様性のかなった大規模集合住宅。水景や遊び場など機能の異なるさまざまな空間に、100種を超える豊かな植栽を施した

のブランドに頼るだけで、独自のブランドが十分に展開されていない。そんななか、〈アリラ・ダリット・ベイ〉においては、この熱帯雨林の生物多様性自体を売りに、バリを拠点にする建築家ユー・クアン(Area Designs)の求める、建築と熱帯植物と海岸植生の融合した風景をつくり出すことに挑んでいる。

また別件で、近年第二のバリ島ともてはやされるロンボク島のナーサリーに植物の視察にいった際、ほとんどの植物をバリ島から輸入していることがわかった。バリ島とロンボク島の間にはアジア区とオーストラリア区を分ける生物分布境界線であるウォーレス線が走っており、本来であれば地元の植物だけでオリジナリティのある風景が構成できるはずだが、わざわざお金を掛けてでもバリ風にしたいという地元民の心理が、マーケットでの

和泉屋石材店にて加工中の玄武岩。石本来の黒さと、土中で生じた美しいさびが特徴で、割れば乾いた灰色が現れ、磨けば水をたたえたように黒光りする

選択肢を狭めている。こうした場所では、地元に入り込んで、マテリアルとなる植物を探しあて、ナーサリーにそれらを育てるようアドバイスする必要がある。

海外の施主がわざわざシンガポールのランドスケープアーキテクトに仕事を依頼するというのは、やはり世界においてシンガポールが都市緑化先進国であるという認識が浸透しており、外からの視点を必要としているからだろう。植物はランドスケープデザイナーにとって空間を構築していく大切なマテリアルである。新規開拓地で土地の資源が活かされるかどうかはデザイナーのマテリアルの選択による。そして、その選択によって将来の風景が大きく変わってくる。その選択は今行われている。

石のデザイン——アマン東京の石庭

13年末、ケリー・ヒル事務所からの推薦で〈アマン東京／石のアートワーク〉の仕事が舞い込んだ。内容は屋内の石庭。インテリアのアート作品ではあるが、ランド

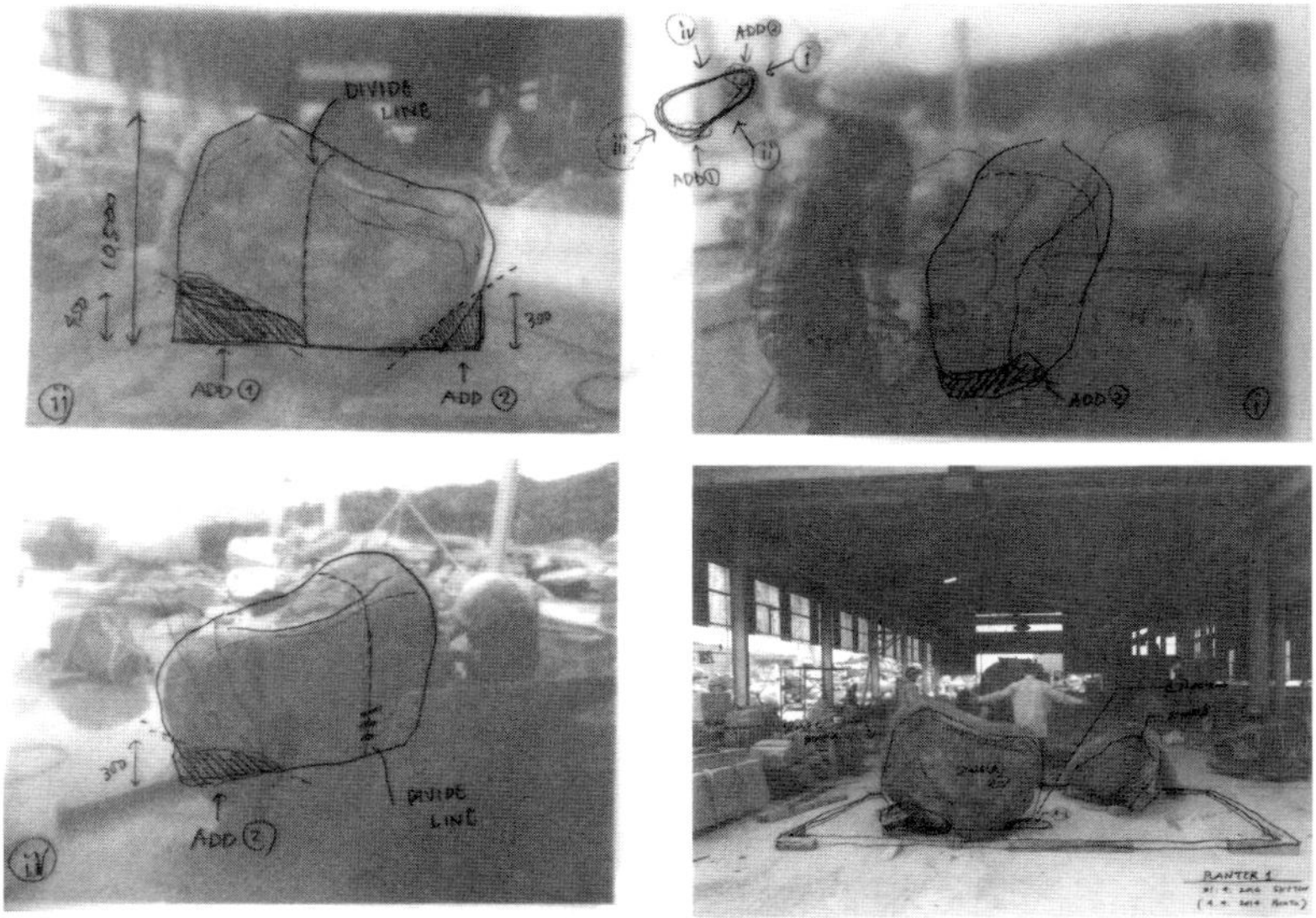

加工指示のスケッチ。高度な職人技により、石の連結は 1mm 単位の精度で行われた。たくさんの方々にアドバイスをいただきながらかたちづくっていった

スケープ的な視点で作品をつくってほしいという要望だった。初めての日本でのプロジェクトで、しかもクライアントはあのアマングループ。日本人として、またシンガポールの事務所側に立つ者として、どのようなスタンスで立ち居振る舞うかを考えさせられた。タイをベースにしている石のスペシャリストの小倉一二さんに相談し、イサムノグチと協働した石工として知られる和泉屋石材店（香川県庵治）の泉久志さんと益田美保子さんを紹介していただいた。石そのものがアートピースとなるため、当然のことながら、現物と向きあいながら選定し、デザインを詰める必要がある。たくさんの種類のなかから、イサムノグチが晩年に愛した玄武岩を採用した。和泉屋さんが全国から集めた選りすぐりの石たちのなかでも、一目見た時からその自然の表情、ありのままの美しさに惹かれ、ファイヤンも私も、ぜひこの石を使った庭をつくりたいと和泉屋さんに頼み込んでの採用となった。

提案が通ってから完成まで、香川の工場と東京の現場

視察のため、五度来日した。多忙なファイヤンに代わり、シンガポールから私1人で来日することもあった。ある時、和泉屋さんの事務所で設置方法について夜まで打ち合わせをしていた。基壇の荷重合計が4tまでという制約のなか、クライアントの希望する大きな石を入れるため、軽量化や振止めについて話すうち、形状や大きさが日本の常識ではない、そこを抑えて構造的な問題をなくしては、という方向へ話が進んだ。日本的な石庭のスケール感と、アマンの求めるインターナショナルスペースとにギャップがあり、その両者の感覚がどちらもわかるからこそ、その板ばさみで私は決断できないでいた。翌朝シンガポールへ帰るため、その日の新幹線で発たねばならず、時間がじわりじわりとなくなっていくなか、益田さんが、「取り込み中ですが、

加工前の石(右)と加工後の石(左)。ほんの少し人の手が加わることで命が宿ったようにいきいきする

月がとっても綺麗ですよ。息抜きにちょっと外へ出ませんか?」と声をかけてくださった。外はしんと静まり、森の木々の陰に明るい輝きが見えた。やがてそれは夜空にぽっかりと浮かんだ。そうだ、今日は中秋の名月だったのだ。自然は美しい。きっと誰にとっても。日本とアメリカの両方のバックグラウンドを持つノグチもここで、この景色のなかで、この人たちと作品をつくっていたのだ、ものづくりとはいろんな思いの集まりなのだ、と思うと、板挟みになっている場合じゃない、この素敵な縁をなんとかかたちにしたいと思った。その後、現場でできるかぎりの案を出し、その場を発った。帰国後、クライアントと和泉屋さんへの電話とメールでのやりとり、数回の現場打ち合わせを経て、デザインの落しどころを見つけ、ようやく完成した。その

間、石の選定でファイヤンから疑問をぶつけられることもあったが、動画やスケッチを駆使してなんとか説明し、最終的には石の実物と設置する現場を見ているのはあなただけなんだから、その感覚を信じようと言ってくれた。完成作品を見たファイヤンにも、サエコの選んだ石が結果としてよかったという言葉をもらい、とてもうれしかった。チームのデザインを信じて、職人さんの技を信じて、一緒にものづくりをする、ということを学んだ。泉さんにも、また一緒に仕事をしましょう、という言葉をいただき、縁をつなげたいと思っていた私にこの言葉はとてもありがたかった。15年春にはついにオープンを迎える。この庭を訪れた方に、何かを感じていただけたらうれしい。

〈TREE TOP CINEMA—樹上の上映会〉ボルネオ島にて、地上20mの高さにスクリーンを設けた

来星3年目

いつまでも子どものように問いかけ、新鮮な驚きを持ち続ける人を素敵だと思う。そうなるには未知のものに触れていること。今年はシンガポールに来て3年目。いろいろなものが未知でなくなる時期だ。ただ幸運にも、一生掛けても知りつくせそうにない生物多様性の世界や、常に新しい問いかけをする人々に出会い、まだまだここに飽きる気配はない。サラダドレッシングは勢いのある事務所だ。ボスのエネルギーがあり、スタッフたちが悩みながらも強みを活かしてチームの推進力になろうと頑張っている。時々、自分がシンガポールにいることを忘れるほど、いろんな世界と関わって仕事をしている。これから、このチームでどんな面白いことができるのかとわくわくするし、一緒に成長していきたい。

測量とヒアリングから始める—アフリカ時間に身をゆだねて

-Zanzibar, Tanzania

長谷川真紀

JICA

ザンジバル・ペンバ島をのぞむ飛行機からの撮影
（©Cornelia Steinigen）

東京

タンザニアの友人から結婚の一報が入った。アフリカの東海岸、インド洋に浮かぶザンジバル島で、私たちは週に2回フランス語を学んでいた。そこは現地の人々に混ざって、一緒に何かを学べる貴重な場所だった。教室からはコバルトブルーの透き通った海が見える。私たちは仕事を終えた後、フランス語クラスで会い、それが終わると海辺でおしゃべりを楽しんだ。今となっては懐かしく、思い出すたびに自然と笑顔になる。夕日が水面にキラキラと光る、そんな幻想的な時間を一緒に過ごした仲間が、もうすぐ結婚するという。

そんな一報を、都内にある小さなシェアハウスの部屋で噛みしめた。帰国後、再び東京で働き始めて、2カ月が経とうとしている。6畳もない部屋には、冷蔵庫、机とベッドが備え付けられ、停電はないし水も満足に出る。すべてが当たり前に供給され、それを当たり前に消費している。アフリカの暮らしとはかけ離れているものだ。

私は現在、独立行政法人国際協力機構（ＪＩＣＡ）の都市・地域開発グループで、開発途上国のプロジェクトに関わっている。現在は東京で1年半を掛けてプロジェクトの企画、工程管理、積算やプロジェクトの評価などのプロジェクトマネジメントを学び、その後海外の都市計画プロジェクトに派遣される予定だ。派遣先はまだ決まっていないが、現在従事しているのは、ラオス、パプアニューギニア、ブラジルの都市計画や都市開発に関わるプロジェクトだ。

東京に帰って来たころは、日本の生活になかなか慣れることができずにいた。気候なのか、人の多さなのか、便利さのせいなのかわからないが、自分でも肩に力が入っているのがわかる。誰にでも礼儀正しく接しなければならないし、時間にも遅れてはならない、ということが頭に重くずっしりとのしかかってくる。早く日本人のリズムに戻り、他の人と同じようにきびきびと動かなくてはと、必要以上に焦っていたのかもしれない。

タンザニアへ行く前、東京で会社勤めをしていたころは、もちろん私も例に漏れず、朝5時半に起き、7時過ぎには現場へ向かう生活を送っていた。現場とは建設現場のことで、公園や道路といった土木分野で主に現場監督をしていた。日々の測量の数値の管理、出来形の管理、品質、工程、安全管理といった施工管理に必要な一連の流れを監督する。自分で測量も行うし計算もする。1日現場にいた後は竣工に向けての書類や図面のチェック、計算もする。図面に間違いを見つければ正しながら、計画どおりに構造物をつくりあげる。ずいぶん自分の年齢より年上の業者の人たちと、なかなかタフな仕事だ。

大学での専攻はランドスケープ・アーキテクチャー、

(次頁)ヤシの木が茂る向こうにコバルトブルーの海が広がる。最初の数カ月は、この地で何をすればよいかわからないまま毎日が過ぎた(© Cornelia Steinigen)

ストーンタウン郊外、ミチェンザニの街並み。毎日のように歩いた道の砂っぽい、埃っぽい感覚が忘れられない

得意分野は測量やデザインだった。そのころにちょうどカンボジアやタイを訪れ、生まれて初めての海外でそこに暮らす人々や文化と接した。滞在したシェムリアップのホテルでびっくりするほど美味しくないジュースを飲んだり、ホテルの部屋のドアが閉まらなくなったり、そんなちょっとしたハプニングが刺激的だった。その時、現地の人々が真摯に接してくれたことが強く印象に残り、現地の人々のために自分にも何かできないか、漠然と考え始めたのだった。

ただ、考え抜いた結果、「何もできることがない」という結論に至ったため、まずは何かの一人前になろうと、日本の造園土木系の建設会社で技術を身につけるために約6年間働いたのだった。JICAの青年海外協力隊に応募してタンザニアへ行くことを決めたのは、働き始めて5年が経ったころ。若者ならではの並々ならぬ異国への好奇心と、自分にも何かできるかもしれない、役に立てるかもしれないという思いが再び湧いてきた時だった。

協力隊員としてザンジバルに到着

仕事や資格取得に没頭し、休みの日も勉強に費やす生活を経て、２０１１年から2年間、タンザニアのザンジバル島に派遣された。沖縄程の大きさの島で、日本で言うところの市役所にランドスケープ・アーキテクトとして所属し、オープンスペースのデザインに携わった。マスタープランを改訂するにあたり、土地利用のあり方や、公共の場をマスタープランに定義づけたいという市役所の意向があったようだ。

とはいえ、いざ仕事といっても、実際は働いているのかどうか自分でもよくわからないまま毎日が過ぎていく。神経質な日本人なら、きっと精神的に病気になってしまいそうなくらい、ゆっくりと時間が進む。そもそも、基本的なコミュニケーションをとることから苦労した。自分の派遣された先がどんな組織で、誰が何をしていて、どんなことが求められるのか？　ということを片言のスワヒリ語と英語で確認する。そんなふうにわけもわからず、言葉も通じているのかわからないまま、ひたすら毎日足繁く職場へ通った。

埃と排気ガスにまみれて行ったオープンスペースの測量

アフリカ的仕事術——仕事は自分で見つける、焦らない

当初の市役所からの要請は、市が管理している使い道の決まっていないオープンスペースのデザインや設計、コスト積算までを行うこと。ザンジバルは、歴史的にタンザニアとは別のひとつの国であったため、タンザニア本土とは別に省庁があり、いまだにそれが機能している。土地省と呼ばれる市役所の上の機関がマスタープランの改訂を準備していた。

私なりに考え、まず要請があったオープンスペースすべての測量を行い、現況図面をつくった後に、現状の課題を市役所の同僚や土地省のディレクターと話しあい、一緒にデザインを行う方法を取った。

土地省のデザイン担当者、現場測量部隊、地図作成班、市役所の衛生管理担当者、道路交通のコンサルタント、交通量を調査しているオフィス、バスドライバーなど、現地の問題が把握できるようにいろいろな人に会い、意見を聞き、調査もした。管轄や組織の概要がわからないため、誰にヒアリングを行ったらよいのかもわからずに途方に暮れることもあった。バスの交通量を把握するためバス乗り場の調査を行っている途中で、排気ガスを吸いすぎて気管支炎にもなった。

それでも少しずつ、市役所の枠を越え、土

毎週日曜日に参加した、ビーチの清掃活動。ザンジバルの若者と共に

地省に測量部隊の協力を要請することもできるようになった。根気よく続けることで、現地に来て2カ月が経つころには、この異国の地で異国の人々と一緒に同じ目標に向かって働くことが最高に楽しくなってきたのであった。

アフリカで働くには、我慢強くなることが第一だ。絶対に焦らずに日々コミュニケーションをとり、少しずつ進めていく。自分の考えを知ってもらうために日々の話しあいももちろん必要だ。そこでは「一緒に仕事をしている」「話していて楽しい」と感じてもらうことが重要だった。そうするうちに事務所の前を通る人々は皆、挨拶や雑談をしに寄って来てくれるようになり、ココナッツジュースやキャッサバ、とうもろこしなど、現地の食べ物を一緒に食べていると、ザンジバルの食べ物が本当に好きなんだねと喜ばれるようになった。

実際、職場の仲間も一生懸命に接してくれた。しきりに「日本から、あんな遠くの国からアフリカに来てくれたんだ」と感心してくれた。人々が話す流暢なスワヒリ語は美しい。礼儀正しいなかにも親しみがあり、温かみのある言葉だ。調子と発音が日本語に似ていて、日本人には馴染みやすいのではないかと思う。

そんなスワヒリ語で「Kesho!（それは明日に持ち越しだね！）」が皆の口癖だ。このままでよいのかと、焦りながらも「日本のペースで考えない」「焦らない」「とにかく笑う（ごまかす）」をモットーに、相手の話をよく聞き、とにかく些細なことをなんでも拾いあげ、相手から話しかけやすいと思ってもらえるよう努めた。

そうするうちに、スワヒリ語が上達し、1年が経過したころにはドイツ人の友人からは「マキみたいにスワヒリ語をしゃべりたい、現地の人と笑いたい」と言われるほどになった。


炎天下の中、同僚と一緒に図面を持ってヒアリングを行った。全部で245名分の回答が集まった

町の課題調査――水の供給・衛生・治安

ザンジバルに着任して1年が経つころ、街の課題を把握するために行ったインタビューは、自分から提案したものだった。直接話を聞かなければ、実際に市役所が何をやりたいのか、何が必要なのかがまったく見えないからだ。小さな島とはいえ、インタビューを行うにもさまざまな根回しが必要で、市役所からのレターや電話がなければ簡単には進められない。まず市役所に説明しに行き、町長に依頼を取り次いでもらったが、そのほかは想定できる範囲で、インタビューに必要な準備を自らしなければならなかった。

また、ザンジバルの中心街にあるストーンタウンという旧市街では、バス停周辺を訪れる人々を対象に、オープンスペースに何が必要か、駐車場は足りているか、ゴミの収集は衛生的にされているかなど、最終的には240名程にヒアリングした。

旧東ドイツの援助で建てられたアパート。道を走る車の多くは日本の中古車(上)
貴重な水を溜めるタンク(下)

ミエンベーニ町長へのインタビューは自宅で行った

実際のインタビューは、あらかじめスワヒリ語でつくっておいた質問表を見ながら行った。毎回、記録を何度も聞きなおしながら議事録をつくる。どの町長も、私がスワヒリ語で話しだすとスムーズに答えてくれるようになった。最終的には旧市街とその周辺のエリアを含む、合計七つの町の町長から話を聞くことができた。

たとえば、ストーンタウンの東にあるミチエンザニエリアで聞いた話は典型的だ。そこは旧東ドイツが援助開発を行った時に建てた6階建ての公共アパートメントが大通りに面して建っている。その裏には住民が個人的に所有している水のポンプが立ち並び、週に1回、水の供給がある時に自分の部屋までポン

SALEH DECORATION

POLYTANK
3000
POLYTANK
3000

プアップし、1週間分の水を溜めることになっていた。もっとも、水の供給がない週も多く、そんな時に備えて住民は毎日少しずつ、たとえば20ℓで頭や体を洗ったり、食器は風呂桶1杯分ずつ程度の2杯分を用意し、洗いとすすぎに分けて使用したりして、水を大切に使う。雨が降る時は必ず大きなバケツに水を溜めていた。私と同時期に派遣された青年海外協力隊員もそのアパートに住んでいたが、時には1週間お風呂に入れず、洗濯や手洗いもできず、「今日は水が供給されるか、されないのか」と常に心配するため、精神的な疲れも大きいようだった。

　水の供給以外にも課題は山積していた。そのポンプが並ぶ裏道には区画整理されていない土地に、戸建ての住宅がびっしりと密集しており、大雨が降ると洪水になる。排水や下水処理の設備が未整備なために悪臭を放ち、蚊の発生源となってしまっている。衛生面だけでなく、歩車道も整備されていないし治安も悪い。幼稚園の前の横断歩道脇は、ダラダラという公共バスや車両が危険な走行をするため事故が起きやすい。ゴミの集積所周辺はいつも汚く、隠れやすい路地が多いので覚せい剤などのドラッグ中毒者が多く住むエリアとなり、さらにその周辺では強盗事件が起きる。

　私が危惧していたのは、下水処理の配管の破損により路上に流れ出た汚水が、路面に流れ出ていることで、さらにその汚水が同じく破損して水漏れ箇所がある上水道管へ流れ込んでしまうことだった。その点は町長も把握しており、実際に政府機関に尋ねてもまったく工事が始まらずに不満を漏らしていた。

ストーンタウンのなかを歩くとたくさんのオープンスペースがあり、果物やコーヒーを売る人、座ってしゃべる人たちが居る（©Girish Zalera）

現地で実際に住民の話を聞くと、今まで見えなかった課題が見え、七つの町ごとに抱える問題がまったく違っていることがわかった。ストーンタウンから最も遠い町ムエンベラドゥは水不足の問題がないことがわかり、ムランデーゲにはスーパーマーケットがあり賑わってはいるが、飲み水汚染の心配が残る。ミエンベーニは道路勾配などの問題により排水の整備不足がある。ストーンタウンに近いキシワンドゥイは騒音問題に悩んでいたし、キシママジョンゴーは地下水が干上がっているのではないかと懸念された。人口密度が高くゴミ収集の頻度に問題のあるムエンベタンガという町もある。小さい範囲でも、抱える問題はそれぞれ違うのだ。

　常に一緒に行動してくれた市役所のザンジバル人の同僚は生まれて初めてカメラに触れ、

カメラの使い方を覚えてインタビューに同行してくれた同僚

ムランゲーデのスーパーマーケット

最初は写真を撮ることさえもできなかったが、しだいに上手くなっていった。余裕が出てくると町長に対して進んでインタビューの目的を説明してくれるようにもなり心強かった。彼とは毎日非常に暑く、埃っぽいなかで、一緒に昼御飯を食べて笑った。いろいろな場面がその時々の気温や空の色と一緒に鮮明に思い出されてくる。

ザンジバル的公共空間

　ストーンタウンのなかに行けば、四角い形のオープンスペースがいくつもある。周囲を囲む家々の前にバラザと呼ばれるコンクリートでできた段が家と一体となって存在し、人々はそこを長いすのようにして座る。四方に人が座ると、皆がちょうど向かい合わせになり、独特の空間を生み出す。誰もが顔見知

Welcome

りで、夜にも誰かしら座っているから、誰が通ったかは常に見られていて、おかげで犯罪が起こりにくいと言われている。そこで人々はコーヒーを売っていたり、マージャンのようなゲームを楽しんだり、集まって政治の話をしたりする。場所によって男性のみが集まっているところ、女性や子どもが座っているところなど、さまざまだ。

ストーンタウンの外に行けば、木陰に人々が集まり、木の周りには、大抵その周りをぐるりと囲むコンクリートベンチができている。これらはいつの間にかできたもので、近くに住む市民が町長の許可を得てつくったベンチもあればそうでないものもある。イスラム教のこの地域では、道路から見られるような場所では、多くの場合は男性が集まり、子どもや女性は各家々のバラザで座っておしゃべりを楽しむといった光景が繰り広げられていた。

残念ながら、ザンジバルのオープンスペースは政治的な集まりにも使われているため、治安を考えると、あまり写真を撮ることができなかった。協力隊員とはいえ外国人が現れ、カメラを取り出すことは防犯上、良くない。あくまで地域の人々に溶け込むつもりで、写真は撮らず、挨拶をするよう心がけた。

(前頁)ザンジバル的公共空間。四角い形のベンチがいつの間にかできている。男性の集まる場所、女性や子どもの集まる場所はそれぞれ異なる

待つことを学ぶ

そんなザンジバルでの暮らしは、毎朝の水のチェックから始まる。朝電気がある時は必ずタンクに水を入れておく。夜はいつ電気が切れてもいいように携帯用充電型ライトに充電をしておく。ゴキブリはいるものと思う。屋根裏のネズミがうるさくて寝られなくなる前に先に寝る。月に410ドル以内で暮らす。月410ドルはアフリカではかなりの高給取りで、かなり多くもらっている人で月100ドル程度だ。食べ物は、たとえばオロジョというスープの具（ジャガイモ、サラダ、肉、卵）を全部のせたもので1500タンザニアシル（1ドル程度）であ

った。私はこのオロジョが大好きで、現地のおじさんおばさんたちに混じって並んで食べたのだった。タンザニアでは列をつくって並ぶ習慣がないため、屋台のおじさんにまず挨拶をして、コミュニケーションをとる。天気の話などをした後、すかさず『それじゃあ今日も、オロジョ全部のせください！』と注文するのがツウだ。お昼ごはんの時間にはこのスープと、焼いたキャッサバ（３００シル）、ココナッツジュース（５００シル）をローテーションで食していた。そのため、かなりの節約をすればそこでさらに貯金ができ、ちょっとしたタンザニア国内旅行にも行ける。

たとえば、タザラ鉄道に乗って、隣国のザンビアに行ったこともある。ただし、発車時刻から６時間経ってやっと出発するうえに、ザンビアまで２日半掛かるので、計３日がかりの旅になった。この「時間軸」の違いは、若い時にある程度体感しておいてよかったと思う。これから海外へ派遣される身としては、日本的な時間軸しか持っていないと、人間関係や仕事でかなりのストレスを抱えることになるはずだ。待ち合わせで人を待ち、打ち合わせでも人を待ち、バスを待ち、電車を待ち、食事を待ち、ドタキャンに耐え、パソコンが壊れても、直せなくてもめげず、それでも建設的に人間関係を築き、お互いがより良くなるよう次の代替案を出す術を、私はタンザニアで学んだ。

住まいのようす（キッチン）。トマトやココナッツミルク、タマネギなどが入った米と豆のスープ「ワリナマハラゲ」は現地の人々の大好物だ

ランドスケープデザインに何ができるのか

この２年間、ランドスケープ・アーキテクトとして派遣された私が現地で行ったことは、人々の生活基盤の現状調査、そして課題を見

つけ出すことだった。そんな発展途上国や新興国における都市開発は、今後ますます時代と共に変化していくだろう。データ分析を行ったりＧＩＳで地図をつくったりするだけでなく、これからは地域の人を巻き込んだデザインのアプローチが必要になってくるはずだ。たとえば、スイスからランドスケープ・アーキテクトのチームがザンジバル島に派遣され、建築家やデザイナーとともにさまざまなパイロット地区のデザインを行っている。ランドスケープ・アーキテクトも先進国や発展途上国問わず、海外へ出てさまざまなプロジェクトに携わる時代に来ていると感じる。私もそんな新しい取り組みに携わるため、世界のどこにいてもプロジェクトをリードできるようなタフでしなやかな生き方をしていきたい。単純に言えば、刺激的な人や場所と出会いながら、エンジニアとして、デザイナーとして、ランドスケープに関わっていきたいのである。

中国的公共空間との格闘

—Shanghai, China

石田真実

E-DESIGN

〈上海震旦国際大楼〉外構の改修計画を担当した

群衆にまみれて

２０１５年元日。上海外灘（ワイタン・バンド）で新年を祝う人々が将棋倒しになり、36人もの命が失われる事故が起きたという一報が入ってきた。失われた命を痛ましく思うとともに友人知人の安否が気になる。日本で明石の花火大会事故の後、警備や入場制限が徹底されたように、今後中国でも規制が厳しくなるのだろうか、いや、なさそうだと殺気立った外灘の群衆を想像していた。この国の人々は、人が群がる先が気になるようだ。現場で関係者数人がひとつの図面を見ながら話しているのを傍から見ると、何をしているのか気になるのだろう、関係のない散歩中のおじさんが背後から忍び寄り、会話に参加しようとしてくる。今何が起きているのか、乗り遅れたら損だ、とでも言いたげなその行動、高度経済成長期の日本でも少なからずそういった感情はあったのだろうか。もしくは単に人口密度が高いせいで中国人にとってのパーソナルスペースが極端に小さいために、私たち日本人が行列に並ぶのと同じ感覚で人との距離をとっているだけなのか。

唐突に決まった中国行き

まちづくりや景観問題に興味があった私は、大学で建築を学びながらも、建築設計課題に対する「もやもや」した気持ちを抱えていた。そんな私がランドスケープの道に足を踏み入れたきっかけは、設計演習で「ポケットパークに座る場所をつくる」という課題に取り組んだことだった。その演習を通して建物と建物の隙間〝地〟の部分をデザインする楽しさを知り、「もやもや」を解決できるような気になった。就職活動中はハウスメーカーや組織設計事務所などへの就職も考えたが、やはり建築設計を仕事にすることに対して、「もやもや」がつきまとい、結局アルバイトとして通っていたランドスケープ設計事務所 E-DESIGN に就職することになった。

2015年元旦に将棋倒しの事故があった外灘（ワイタン）。1930年ごろのイギリス占領時代の建築が建ち並ぶ

上海万博にて。この人ごみでこのくつろぎ方はすごい

当時の E-DESIGN では、幅広いジャンルで、忽那裕樹・長濱伸貴両氏の元、30歳前後のプロジェクト・マネジャー3人を中心に、1〜3人のスタッフとアルバイトとでプロジェクトチームをつくって、凄まじい量の仕事に取り組んでいた。新入りである1〜2年目はプロジェクトチームの一員として、プロジェクトマネージャーのサポートをするのが仕事だったのだが、2年目の後半、09年の秋に

忽那から1本の電話があった。電話の内容は、中国で大型の仕事が入り、そのキックオフミーティングのために数日後に青島《チンタオ》に来てほしいと言われているが、プロジェクト・マネジャーは他プロジェクトが佳境で日本を離れられないので私に同行してほしい、という内容だった。

航空券の購入方法もわからず、高額な正規料金のチケットで乗り込んだ青島が、私の初めての中国になった。忽那と2人で青島の空港に着くと、クライアントである大手デベロッパー・万科集団のプロジェクト担当者が迎えてくれた。急なスケジュールのため通訳は帯同しておらず、目的地もわからぬまま迎えの車に乗り込むと、初めての中国の風景が目に飛び込んできた。一つひとつの空間がやたらと大きい。なんだか乾いた感じがする。道

2008年ごろのE-DESIGN代表の忽那裕樹(前列右)、長濱伸貴(同左)とスタッフ

路脇の植栽帯の緑がやたらと密度高く、そして刈り込まれている。山肌が岩がちでゴツゴツしている。マンションがコピー&ペーストでできている。看板が大きい。高速道路の柱が細い!! クラクションに次ぐクラクション。00年ごろから中国を来訪していた忽那から、電話の通じない、カエルの鳴き声に包まれたホテルに泊まった武勇伝を聞いていたので大いに不安だったが、辿り着いた先は、意外にも高級なシャングリラホテルだった。後で知ることになるが、これが中国のデベロッパーのやり方で、外国人デザイナーを招く場合、初めだけはよいホテルに泊めるのが慣例だそうだ。ホテルでは翌日に、市政府関係者と開発者、設計者によって、新都心建設計画開始のセレモニーが行われ、地元のテレビカメラやメディアも集まっていた。セレモニーでは

特价88元/天 128元
洗车
192071900
全国连锁
芳芳服装店
dult products
英子擦鞋
擦鞋修鞋

デベロッパーの女性社員は全員金色のドレスを身にまとい、会場は花や金色の飾りで華々しく飾り立てられ、設計者は仰々しい音楽とともに登壇を求められた。私はそれらのようすをただただ驚きながら眺めることしかできず、映し出されるパワーポイントを見ることで、ようやく自分たちの担当プロジェクトの概要を知ることができた。こうして青島で、中国での仕事が本格的に始まった。

大規模開発——青島 合肥路《フーフェイルー》ストリートスケープ

　青島のプロジェクトは、市中心部から8km ほど離れたエリアに新都心をつくるという市のマスタープランのもと、万科集団による「万科城」と名付けられた数km²にもおよぶ開発エリアの先行開発街区を貫く道路のストリートスケープ（約4ha）が、私たちの設計範囲だった。先行開発区は7街区からなり、商業施設が付帯する高層集合住宅が主で、アメリカ、オランダ、日本の各設計チームがそれぞれの街区を設計していた。私たちに課せられたのは、それら特色ある街区をひとつのデザインで貫き、新都心を象徴するメインストリートを創出することだった。この時は知り得なかったが、4haは中国では比較的小さいプロジェクトの部類となる。その巨大さと海外のデザインチームとのコラボレーション、またそれらを統一するという重役にモチベーションは一気に上昇した。

　忽那と現場を歩くなか、青島のゴツゴツとした山肌を活かすことと、「使えない高低差」を「使える高低差」にすることをコンセプトに、基本計画、基本設計を進めた。コンセプトデザイン、基本設計くらいまでは、先輩方

初めて訪れた中国・青島では目に入るものすべてが衝撃的だった

〈青島プロジェクト〉のセレモニー

〈青島プロジェクト〉の現場調査。ここが設計範囲であるメインストリートとなる

の力を借りながら、比較的スムーズに進めることができた。この時は拡初設計と呼ばれる段階（日本で言う基本設計と実施設計の中間くらい）までの業務を請け負っていたのだが、初めの基本設計がある程度進んでから雲行きが怪しくなる。設計の与条件が変わり始めたのだ。

日本では、集合住宅や複合施設を開発する時、マーケティング調査やリーシングなどソフト面での整理、測量や法規などハード面での条件整理はほぼ完了してからの設計業務になると思う。特にランドスケープが建築と共に設計される時、そのような条件はすでに整った状態でデザイナーに渡ることがほとんどである。しかし、中国のプロジェクトでは、条件整理と設計が同時に行われたり、条件自体が途中で変わることがごく普通にある。前向きに考えれば、デザインの根本にまで遡って提案できるチャンスともなり得るのだが、この時は同時期にオープンするはずだったエリアが変更になったり、販売戦略の変更に伴って一旦は認められたコンセプトが否定されたりと、日本の仕事では感じなかった理不尽さに悩まされることになった。

　さらに、施工が始まると、図面どおりに施工してもらえないという壁にぶち当たった。現地設計事務所によってローカライズされた図面は、比較的当初のデザインに忠実につくられているのに、現場ではなんとなくそれっぽいものであればＯＫ、といった精度で施工されてしまう。不思議なことは、デベロッパーがそれに大変満足しているということだった。このようにして、なんで？　どうして？　と未消化の疑問を残しながら、初めての担当プロジェクトは3年間を掛けて完成に至った。

E-DESIGN 上海事務所設立

　青島のプロジェクトと並行して、日本では地域と規模を問わず5年間で50個以上のプロジェクトに関わった。そのうち7個はプロジェクト・マネジャーとして忽那・長濱に付きながら担当したものだ。E-DESIGN の業務範囲は広く、単にハードの設計だけでなく、水都大阪をはじめとする計画系のプロジェクトや企業ブランディングにかかわるプロジェクトにも参加できた。

〈青島プロジェクト〉竣工時の写真。歩車道境界から低層建築外壁までを E-DESIGN が設計担当した

　一方、青島のプロジェクトをきっかけに中国での仕事も増え、事務手続きの関係とデザイン、特に施工の質を保つため、また新規プロジェクトの開拓のため、上海に事務所を設立することになった。11年夏に中国人パートナーと中国人スタッフが先行して、13年2月に私が常駐デザイナーとして上海に渡ることになった。

　青島のプロジェクトを初めて受け持ってから中国のプロジェクトを受け持つことが多か

〈青島プロジェクト〉のメインストリート。テラス状に重なった小広場とランダムな並木により、通過するだけの歩道に“関われる”きっかけを与えた

ったことと、私自身、「海外生活への憧れ」が強く、30歳を前にして何か自分の武器が欲しいと思い悩んでいたこともあって、迷いはなかった。むしろ、学生時代にできなかった留学の代わり程度に考えて、1年後には流暢な中国語で10億人から笑いをとれるようになれるんだ、という程度の思いで上海行きを決めた。

E-DESIGN上海事務所は、上海の南市と呼ばれる下町と、ここ10年ほどで開発され観光地にもなっている新天地や田子坊といったオシャレなエリアのちょうど狭間、中層集合住宅や零細商店がひしめくローカルの風情たっぷりの場所にある。土地勘のない状態で、候補の中から一番市街地の中心部に近く、工場をコンバージョンした雰囲気の良い建物という理由で選んだ。事務所の場所選び、内装工事、画材や事務用品の購入先探し、社用自転車の購入、事務的な社内のルールづくり、営業資料の作成など、まるで自分の事務所をスタートさせるかのようなことが、上海に渡って最初の仕事だった。画材や本を探すなかで、日本の文房具店の品ぞろえの充実ぶりがいかに貴重なことかを思い知らされた。たとえば上海の画材屋と言うと、ひとつのビルにいくつもの似たような画材屋が入っているのだが、どの店も同じようなものしか取り扱っていない。さらに、たいていの店員は自分の店に何があって何がないのかを、把握していないのである。なんとか最低限の設計業務が行える環境になるまでに数カ月を要した。それも日本の事務所の大いなるバックアップと中国人スタッフの協力があってようやくできたことである。初めは日本と中国の橋渡し的な業務のみを行っていたが、設立から3年半が経った現在は1人の中国人デザイナーを迎え、役員含め4人で、上海で設計を完結できる体制を整えつつある。

E-DESIGN 上海事務所。内装設計はスタッフが行った

上海的公共空間

上海は、アジアを代表する経済都市であり国際都市だが、過去をさかのぼれば、清代末期から第二次世界大戦が終戦するまで、日本を含む欧米列強によって土地が分割され、租界地として占領されていた。今でも旧租界地にはその時代に建てられた洋館やプラタナスの並木が数多く残り、街を歩けば中国ではないような感覚に襲われる。一方で上海・中国の発展を象徴する浦東新区には上海中心大廈、上海環球金融中心、東方明珠電視塔などの超高層建造物が建ち並ぶ。南市エリアには今でもトイレや浴室のない民家が残されており、明代の庭園・豫園や孔廟が鎮座している。

人々の生活ぶりも実にさまざまで、欧米系の外国人を見かけない日は皆無だし、地方から出てきた中国人が話す、標準語や上海語以外の中国語も日常的に聞こえてくる。ブランド服に身を包んだ持ち主のランボルギーニの後ろには、数十年前の人民服と見紛う服を着て牽引自転車を漕ぐおじさんが続くという光景も珍しくない。生活水準の上下差が激しく、日本的感覚で言う中間層が少ない印象だ。

そんなバリエーションあふれる上海だが、公共空間の使いこなしにはいつも驚かされる。使いこなしと言うよりは、もはや中国の文化では公共空間と私有空間の境界がないのではないかとさえ感じる。たとえば、歩道の使い道を見ると、カフェテラスや駐輪場としてはもちろんのこと、駐車場、床屋、自動車修理工場、野菜・魚・鶏を売る場所、魚・鶏を捌く場所、調理場所、ゴミの分別場所として、日常的に使われている。道路のL型側溝はゴミ箱として機能しており、野菜や果物の不食

歩道は究極のユニバーサルスペース

旧フランス租界地のプラタナス並木。車道部分に石畳が残るエリアもある

部分や残飯、調理後の排油、袋に入れた食品の包装などが捨てられる。L型側溝に捨てておけば、清掃係の人が来て、回収してくれるのだ。これらは、マナーが悪いとか、文化が未成熟だとかいうわけではない。そういう文化なのだと思う。

また、列に並ばない、ということもよくマナーの悪さとして指摘されるが、私はそうではなく、パーソナルスペースの感覚が違うだけなのではないかと思うのだ。隙間を開けて並んでいると、それは並んでいないと捉えられ、隙間を詰めるように割り込まれてもしかたがないのだ。そう思うようにしている。

障壁はあっても悪意はない——広州白雲《バイユン》緑地金融中心

これら公共空間やパーソナルスペースの感覚の日本との違いは、中国でランドスケープ

大药房
网吧

を含む空間を設計するにあたって障壁となることがある。こちらが広いと思う歩道を狭いと指摘されたり、多目的で使える広場に制限をかけられたり。上海に渡って初めて取り組むことになった、オフィス・商業・住宅の複合施設（広州市）のプロジェクトでもそれに悩まされることになった。

このプロジェクトは、私が上海に渡った時にはすでに別のスタッフによって設計が終わっており、監理業務を引き継ぐ形で受け持った。

しかし、引き継いで初めての打ち合わせから、このプロジェクトの難しさを思い知ることになる。設計が終わっているはずなのに、デベロッパーの担当者の変更に伴って、次々と根本的なデザインの変更要望がでてきた。広場はもっと広くとってほしい、象徴性が欲

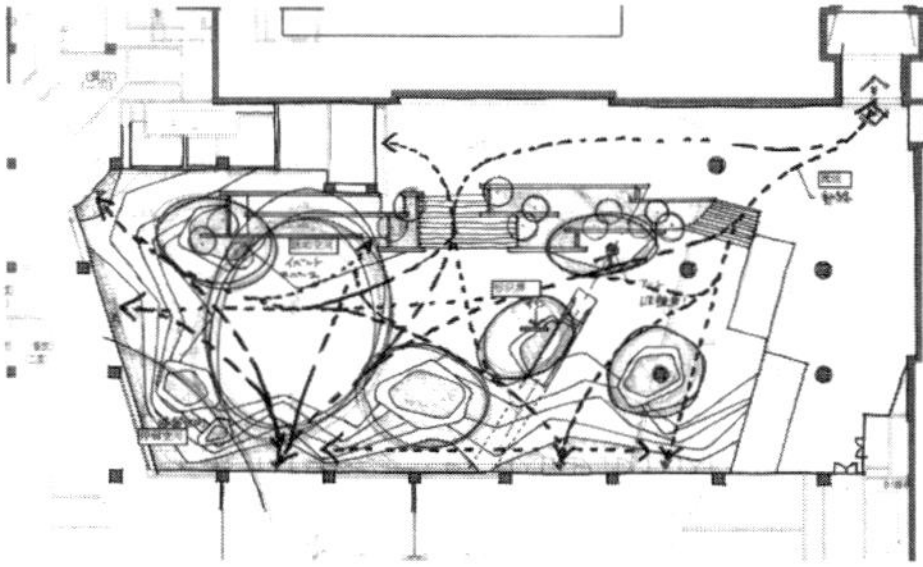

〈広州プロジェクト〉たとえ現場段階でも空間配置など根本的な部分での調整が発生する（図：E-DESIGN 提供）

しい、ここに滞留空間は不要、といった空間のスケールに関することも多かった。これに関しては、上海で生活するなかで感じた空間に対する感覚の違いが大いに役立つことになった。指摘されるように当初のデザインが「日本的スケール」で構成されていることに気づき、昼時に饅頭（マントウ、肉まん）屋のレジ前に群がる人々やセール時の洋服売り場のようすを思い浮かべながら、ランドスケープの要素を減らし、単純でわかりやすい空間構成となるように、曖昧で多目的に使える植栽帯とベンチの滞留空間の一部分を縮小し、動線と植栽帯を明確に区別した。

現場に行く回数も増えたのだが、張り付いて現場を見るうちに、青島のプロジェクトをはじめとするこれまでの「なんで？　どうして？」の理由がよくわかるようになった。ま

ず一番大きい理由は、中国での不動産開発はスピードが命だということ。マーケティング調査や条件を整理するよりも、とにかく先につくったものが売れる＝成功する。そして、設計や工事を進めるのと並行して、最新の情報を取り入れ、より売るための小細工を施していく。そうなると、特に植栽工事においては、「感覚」に頼った工事になりがちで、図面とはまったく違ったデザインに陥ってしまう。

市政府、いわゆる役所との関係も日本とは大きく違い、それが設計業務に大きな影響を与える。市政府の意見は大きいが、日本に比べると明確な基準がなく、交渉次第でどうにでもなる。急に意見を変えられることもしばしばで、そのために開発計画が頓挫することも少なくない。その分設計の自由度は高く、敷地境界線はあってないようなもので、基本的には接道部の歩道は民間の開発業者が整備するのが慣例になっている。歩道と敷地の境界があいまいな空間がつくる面白みは日本では挑戦できない部分である。こういった状況のなかで、竣工までの正確なスケジュールというものは存在した試しがない。住宅であれば販売の目途、商業施設やオフィスであれば入居者の目途さえたてば、それはデベロッパーの目標を達成したこととなり、竣工の時間にこだわらなくなる。そうなると竣工予定は数年単位で大幅に遅れ、そのあいだにまたデザインを変える指示が出たり、テナント誘致が計画どおりにならなかったりする。この循環を繰り返しながら、まもなく広州のプロジェクトも竣工を迎えようとしている。

ただ、なにも悪意があってそういう状況になっているわけではない。プロジェクトを通

〈広州プロジェクト〉敷地境界線はあってないようなもの。植栽桝がある部分は実は歩道。歩道と敷地が一体となってつくられる風景は日本ではなかなかできない面白みがある

して接した中国側の関係者はすべて、私たちを信じて、少しでもいいものを作ろうと動いてくれている。地元の山の「地層」をコンセプトに設計していた植栽桝の重要な石材側面が、割肌仕上から水磨仕上に変更された時も、あくまで安全面と清掃のしやすさのためであり、中国側関係者は石材加工のおじさんからクライアントの責任者まで全員に「コンセプトどおりだ、このほうがいい」と口を揃えられると、泣く泣く変更を受け入れるしかなかった。定期的に現場を訪れ、どれほど図面と違うものができているのを見ても、心からの感謝やねぎらいの言葉をかけられるたびに、「誰のためのデザインか。自己満足のためにこだわりや日本的常識を捨てられないだけではないか」と考えさせられ、こちらのこだわりとクライアントの満足との着地点を、いかに自分がよいと思えるレベルに近づけられるかという挑戦が日々の原動力になっている。

〈広州プロジェクト〉竣工直前のようす

王さん的、自然風景——王邸ガーデンデザイン

上海へ渡ってから1年ほど経過し、上海事務所で設計業務を完結させるモデルをつくることを目標としていた矢先に、タイミングよく小規模の庭の設計依頼があり、上海完結モデルとして取り組むことにした。中国では基本的に戸建て住宅というものが認められていないが、都市郊外には「別墅」と呼ばれる、日本で言う建売住宅群のようなものが存在し、富裕層はそれを自宅に構える人も多い。そこでは庭やインテリアを自由に改造できるので、オーナーである個人から設計を依頼される形になる。

上海郊外の「別墅」のオーナー、王さんか

資材やゴミが散乱する〈広州プロジェクト〉の現場。広場を舗装中。これでも比較的きれいな現場である

らの依頼では、デザインに対する要求が高く、特に植物に関して、まるで盆栽コレクターばりのこだわりを持たれていた。目指すべき空間は「自然風景の再現、いわゆる庭園ではない」という当初の要望にもかかわらず、いざ樹木を選ぶ段階になると、丁寧に仕立て上げられたモミジや念入りに刈り込まれた玉物のツゲを選ばれた時には説得に骨を折った。立派な既存のイチョウを3m移植しなさい、枯れたら植え替えたらいい、と要望があった時にも、植物はものではない、飾りではない、と説得するのに苦労した。これは王さんの無知によるものではなく、日本で好まれる傾向にある「雑木林」や「里山」に対する認識とはまた違った自然に対する感覚によるものだろう。好みというには大きすぎる感覚の違いは押し付けられるものではない。でも自分自身が納得できないものは自信を持って提案できない。そのジレンマにはまだまだ悩まされそうである。

よりよい仕事を続けるために

上海に移ってすぐ、あるパーティーに参加した。100人近くが集まる日本人設計者の新年会で、たくさんの同世代の設計者と知りあった。ここ上海では、想像以上にたくさんの日本人の先輩デザイナーが活躍されており、こういった先輩方に画材の仕入れ先やデベロッパーの良し悪しから食事や生活の基盤まで、実にたくさんのことを教えてもらった。これらの先輩方がいなければ、ここまで快適な上海生活は送れていなかっただろう。

実際、上海には5万人を超える日本人が生活しており、日本人向けのタウン誌や宅配サービスなど生活に不便することがない。日本と同じように生活しようと思えばできる街である。私も初めの半年は地元の人が利用する食堂で昼食をとり、スーパーで買い物をし、中国語のテレビを見て地元の人の生活に慣れようとした。でも、無理がたたってぎっくり腰をしてからは、それをやめた。外国人向けのスーパーで有機野菜を買い、外国人向けのレストランで食事をし、日本人向けのサービスを存分に活用しているため、中国語はほとんど上達していない。もちろん、現地に「同化」することも海外で仕事をすることの醍醐味だ。ただ、こういった暮らしも、もっとも身近な国際都市「上海」で仕事をすることの一部であり、上海にいるということなのだと自分に言い聞かせ、日本でも中国でも通用する一人前のデザイナーになって、上海事務所がさらに軌道に乗るよう整えていきたいと思っている。

〈王邸〉オーナーの王さんと高木の移植位置を決める (右)。飛石に適する石材が見つからず苦労した(左)

プレイスメイキング—メルボルン流コミュニティデザイン

–Melbourne, Australia

小川愛

Village Well

「ニットボム」とよばれるコミュニティアートで飾られたメルボルンの目抜き通り

小さく、柔軟なチームワーク

私が働いているビレッジウェル（Village Well）はプレイスメイキングのコンサルタント会社だ。プレイスメイキングとは日本ではあまり聞きなれない言葉かもしれない。オーストラリアでも、自己紹介をするといつも「なんですか」と聞き返されてしまう。プレイスメイキングは文化、環境、地域経済といった多面的な観点から、地域に根差し居心地のよく賑わいのある空間をつくるためのアプローチである。利益重視、見栄え重視の開発ではなく、コミュニティを形成する人々を中心に置き、公共空間づくりからファーマーズマーケットまで手段は多岐に渡る。日本語ではまちづくり、あるいはコミュニティ

月曜日はチームミーティングで始まる。社長のジュベールを中心に

デザインが一番近いコンセプトであろう。

ビレッジウェル事務所はメインストリート商店街やうらびれた路地の活性化から、新しい複合開発のビジョン形成まで、さまざまなスケールのプロジェクトを手がけている。大型ショッピングセンターのトップマネジャーから転身してオーストラリアのプレイスメイキングの先駆けとなった社長のジュベールを先頭に、アーバンデザイン、アーバンプランニングをバックグラウンドに持つ5人がコアのメンバーだ。プロジェクトによってはライターやファシリテーションのスペシャリストとチームを組むこともある。基本は小さく、必要に応じて広がる「アコーディオン」型組織だ。

グリーンジュースで始まる1日

自転車を飛ばして40分、会社に着き、着替えてデスクにつくと緑色のジュースが置いてある。ケール、アボカド、メロン、バナナに赤唐辛子をちょっと加えた、社長ジュベールお手製のグリーンジュースを飲んで私たちの一日は始まる。モーリシャス出身のジュベールはいつもカラフルな服にパワフルな性格で社員を楽しませてくれている。グリーンジュースだけでなく、お手製ランチを振舞ってくれたり、オフィスに花やアートを飾ったり、仕事が忙しくても環境やチームの関係がポジティブであるように気を使ってくれる。オフィス内でのプレイスメーカーとでも言おうか。

グリーンジュースを飲みきっていそいそとパソコンに向かう。休暇が始まる前にクライアントへのプロジェクトレポートを終わらせなければいけない。レポートの文法や綴りの間違いなども気にしない。チェックをしている暇はないし、何年経っても英語が完璧にならないことは悟っているので、見直しはまるごとネイティブの同僚に任せてしまうことにしている。

グリーンジュースは湯呑みに入って出てくる

建築からパブリックアートへ

メルボルンに来る以前は、東京のパブリックアートの会社で仲間に恵まれて働いていた。大学時代はアメリカで建築と建設工学を専攻したものの、ＮＹで本場のアートに触れ、アートギャラリーの活動をするうち、その魅力に惹かれたのだ。実際、さまざまな作家との仕事は刺激的だったし、学校の子どもたちや病院の患者さんたちとのアートワークショップを通して、アートが人に与える力を実感することもできた。また、その土地ごとの伝統文化やストーリーをアートに取り入れていく過程で地方それぞれの素晴らしさを学んだ。たとえば新潟で地元出身の作家たちと協働した病院アートのプロジェクトでは、作家たちと市役所が盛り上がり、さらなるまちおこしへの動きにつながることもあった。地元への思いや夢を語る作家の意気込みを感じ、その夢の一端となって仕事ができたことをうれしく思った。

そんな3年が経ち、そろそろステップアップをと考えていたころ、たまたま訪れた日豪アート交流シンポジウムで観たメルボルン市のパブリックアートプログラムのDVDに衝撃を受ける。メルボルンシティ全体をキャンバスとし、レーンウェイ(laneway)と呼ばれる細い路地に期間限定でパブリックアートを展開するプロジェクトは、なんということのない日常の風景が突然アートによって変わってしまう面白さを含んでいた。新築の施設に恒久アートをコーディネートするのが主なパターンである日本のプロジェクトに対し、既存の町並みに作家が自由に場所を選び一時的にアートを設置するアプローチは全く逆の発想である。どの作品もその「場所」を出発点とし、落書きだらけの壁やゴミ箱といった都市の日常とインタラクトしていて新鮮だった。一つひとつの規模は小さくても街全体にアートをちりばめることで大きなインパクトとなるのも面白い。テンポラリーであることで、作品は「公共」でありながらも詩的なもの、遊び心のあるものから政治的なメッセージを含んでいるものまで、より個人的で自由な作風が繰り広げられていた。

「このプロジェクトにぜひ関わりたい」。そう思い、シンポジウムで出会ったメルボルン市の職員、マーティンにメールで連絡をした。「市役所の仕事なので、規定の選定プロセスを踏まなければ採用できない。しかし無給のインターンでなら可能かもしれない」とのこと。半年ほどのやり取りの後、2007年、ワーキングホリデービザを取ってメルボルンに向かった。

路地アートによる都市活性化

メルボルン市に着いて最初の日、マーティンに挨拶をするが元気がない。聞くと、つい最近リストラがあり、数日後にはオフィスを去ることになるという。公務員でもリストラがあるのか、とびっくりしたのだが、その後オーストラリアに数年住んで、職の安定はどこにもないものだと知ることとなった。不安げなスタートではあったがパブリックアートプロジェクトの仕事は順調に進んだ。コンセプトの公募から選定会議、アーティストとのやり取り、制作のチェックや設置の立会い、カタログの制作まで1年を掛けてひととおり経験した。

収入に関してはワーキングホリデービザを使って働くことが許されていたので、はじめはインターンを3日して、2日はカフェかどこかで働こうと気軽に考えていた。しかし、カフェの街メルボルンのレベルは高く、接客経験がほとんどなかった私はまったく相手にしてもらえなかった。その代わり市役所の人はとてもよくしてくれ、インターンを始めて2カ月ほど経つと、どこからか予算を見つけてきてコンサルタントとして給料を支払ってくれるようになった。上司に言われるがまま、指定された金額を請求書に書いて提出するとそれなりの収入となり、副業なしでも生活することができて助かった。

プレイスメイキングやアーバンデザインに興味を持ったのはメルボルン市で働いていた時だ。80年代には17時を過ぎると誰もいなくなってしまう典型的なドーナツシティだったメルボルンは、都市デザイナーのヤン・ゲールと組んだアーバンデザインチームの都市再活性化プロジェクトによって目を見張る変化を遂げ、私が来たころには人が街中に戻り週末も賑わいのある街になっていた。私が手伝ったレーンウェイコミッションも、その都市活性化の一端として実施されたものだった。

レーンウェイとはメルボルン中心街の碁盤目状大通りの間を縫うように結ぶ無数の裏道のことで、メルボルンの都市計画の大きな特徴である。かつてゴミ溜めのように扱われ、いかがわしい取引をするような人しか寄り付くことのなかったレーンウェイに、一時的にアートを設

置することで、人が安心して、また、「わざわざ」通るような特別な場所に変えていく、というのが狙いだ。アートの他にも、お酒を扱うライセンスを低コストで簡単に取れるようにすることで、小さなバーやレストランを誘致したり、アウトドアダイニングを奨励したりと、さまざまなプロジェクトにより、レーンウェイはメルボルンのアイコンとも言えるほど人々に愛される特別な空間となった。後に転職したビレッジウェルの存在を知ったのもこのころだ。彼らは閑散としていたレーンウェイにアーティストスタジオやオフィスを誘致するよう市に働きかけたり、車を通行止めにしてフェスティバルを開いたりして、レーンウェイの初期の活性化の大きなきっかけとなっていた。

パブリックアート・マネジャー——土地開発機関への転職

メルボルン市でほぼ1年経ち、そろそろきちんとした就労形態で働かなくてはと思っていたころ、ヴィク・アーバン（VicUrban。現在は名称変更してPlaces Victoria）という州政府の土地開発機関でパブリックアート・マネジャーの募集があった。外国での手馴れぬ求職活動は、友人に履歴書をチェックしてもらったり面接の練習をしてもらったりして準備した。面接は2回、「パブリックアートの役目は何か」「ヴィク・アーバンのプロジェクトをどう思うか」などの質問があった。「著名なアーティストを起用しているがコンテクストとのつながりの浅い作品が多い」と、つい正直に答えてしてしまったので少々心配だったが、無事採用された。

ヴィク・アーバンで最初に担当した仕事は、ドックランズと呼ばれるウォーターフロント開発だった。マスターデベロッパーとして、その下で個々の地区を開発する6社のデベロッパーと一緒にパブリックアートを計画して、許可する仕事だ。プレイスメイキングの一環として、デベロッパーはヴィク・アーバンの監督の元、開発費の1%をパブリックアートに充てる義務があるが、ヴィ

変哲のない街中の建物に息が吹き込まれたら……。壁が呼吸をしはじめるユーモラスな作品。若手作家の初めてのプロジェクト。この成功を機にその後もプロジェクトが続いた
（Laneway Commissions: *As It Appears...*（2008）, Beth Arnold & Sary Zananiri（©Greg Sims））

ク・アーバンとデベロッパーのアートの方針が必ずしも一致しないことが多々あった。

多くのデベロッパーはパブリックアートの設置を「義務」としてとらえているので、インパクトが大きく簡単に設置できる大型彫刻を提案しがちだ。一方、ドックランズ全体を総括するヴィク・アーバンとしては、より多彩なスケールや形態のアート、その場所の歴史やストーリーを汲み取ったアート、またコミュニティを交えたアートや実際にアーティストが活動できるような場所づくりなどの新しい試みに領域を広げていきたい。

そこでデベロッパーと話しあい、双方納得のできる方針を定めることが私の重要な仕事のひとつだった。しかし、まだオーストラリアに来て2年目の若い日本人が、熟練のデベロッパーや彼らに雇われた20歳も年上のアートコンサルタントと対等に話しあうのは簡単なことではない。そんな悩みを上司に告げると、「若い人はアイデアの宝庫だから僕としてはうらやましいくらいだ。年齢

現在の街中は週末も人で賑わう。カフェやバーで賑わうレーンウェイ

や経験など気にしないで堂々とやればいい」と言われ、ミーティングなどで発言をするのが楽になったのを覚えている。確かに、オーストラリア人は年齢、国籍や役職をあまり気にせず誰とでも対等にディスカッションをする。また、アートの新しい試みに協力的な先進的デベロッパーもあり、彼らとは、ランドスケープと一体化したアートや大学とのコラボレーションなど、複雑なプロジェクトを成功させることができた。

週休3日

ところでメルボルンに来てから私はずっと、週休3日の生活をしている。ヴィク・アーバンもビレッジウェルも週4日勤務での募集だった。知りあいにも週休3日以上の働き方をする人は多く、特に子どもがいる女性の場合

アートとランドスケープの複雑なコラボレーションの末に完成した作品。大掛かりな作品のため、安全性、犯罪防止、視覚障害者への配慮、メンテナンスの問題をクリアし、市役所の許可を得るのに大変な苦労をした。デベロッパーとの共同により成功させることができた（*The River Runs Through It*（2011）, Mark Stoner（©Places Victoria））

は週2〜4日勤務、男性でも週3日や4日勤務というケースがよくある。週3日会社で働いて、あと1日は自宅勤務する人もいるし、週3日はランドスケープの事務所で働き、週2日は陶芸作家として自営業に専念している人もいる。子育てのために時間が必要という人もいれば、人生の楽しみは退職後にとっておくのではなく元気なうちに楽しんでおかなくては、と考える人もいる。

私の場合、当初は休みの1日を趣味に費やしていたが、その後は大学院に行ってアーバンデザインの勉強をした。会社に授業料の半額をサポートしてもらい、通常2年のところパートタイムで4年を掛けて卒業した。ヴィク・アーバンでアーバンデザイナーやデベロップメントマネジャーと一緒に地域開発に関わりながら大学院に通うことで、勉強と実際

のプロジェクトをかけ合わせることができたし、その間、オランダにも半年留学した。もちろんその分収入は少ないが、週休3日のおかげで無理なくスキルアップする機会を得られたのはありがたいことだ。

プレイスメイキングに挑戦

半年のオランダ留学から帰ってきてまもなく、以前から注目していたビレッジウェルで運よく求人が出た。いわゆるプレイスメイキングの職務経験はなかったが、パブリックアートはプレイスメイキングの一部として取り組んでいたこと、また、アーバンデザインの勉強をしていることを面接では強調した。面接官がヴィク・アーバン時代の上司だったことも功を奏したのか、ありがたいことに採用が決まった。

入社後、プレイスメイキングの仕事は実践で覚えた。プロセスはプロジェクトによって多少異なるが、基本的にはその場所や地域についての調査を行ったうえで、プロジェクトチームや市民とワークショップをする。ビジョンを確定し、そのビジョンを核に計画を立てる。その場所を誰がどのように使うのか、使用者の目線から考えることで、建築デザインありきではなく、人が中心となる空間づくりをするのが狙いだ。

だから、どのプロジェクトも要となるのはワークショップだ。タスマニア州、ホバートのあるレーンウェイの活性化プロジェクトでは、市の職員、レーンウェイに接する教会の職員、周辺の店舗経営者や住民を交えてワークショップを行い、全員でレーンウェイを歩き、その場でアイデアを出しあった。実際に歩いてみると、街路の細部や周りの環境も見えてきて「あのビルの壁に映画を投影すれば、それを教会の駐車場から見ることができる！」など、敷地外を利用したアイデアも出てきた。コミュニティの一員としてワークショップに参加している教会の職員もそんな提案に前向きだった。また、特にやる気のある人には「アクショングループ」のメンバーと

いつもカラフルな装いのジュベール。シドニーのオックスフォード通り活性化プロジェクトのプロモーションをしているところ

して、継続的にプロジェクトに関わってもらう仕組みをつくった。プレイスメイキングはその場所に住み、利用する人たちが続けてこそ成功するものだから、人のつながりづくりは私たちの重要な仕事だ。

社長のジュベールはこのようなワークショップにいつもの原色を絶妙に組み合わせた装いで登場し参加者を驚かせる。まじめな土地開発のプロジェクトで、彼のような派手な人が登場してドラムを叩き、冗談をまじえることで参加者の緊張が解ける。ワークショップでは行政役員から学生まで、さまざまな人の心をつかまなくてはいけない。また、ビジョンやアイデア形成のために参加者には現実から一歩離れ、視野を広げて夢を持って考えてもらうことが重要だ。ジュベールにはその才能があるとつくづく思う。日本人の私はジュベールのラテンスタイルを真似することはできないが、自分なりのコミュニケーションスタイルを構築しようと努力している。

僻遠の地、人、歴史、文化——採鉱町の社会問題に向きあって

14年、ポートヘッドランドという採鉱の町で、空港拡張とマリーナ建設プロジェクトに伴う概要計画を担当した。ポートヘッドランドは西オーストラリア、パースからさらに１６５０km北に行った、人口１万４千人の僻遠の地だが、オーストラリア最大の鉄鋼埠頭を持ち、国の経済にとって重要な場所だ。鉄分をたっぷり含んだ真っ赤な地面が真っ青な海と交わり、そのうえに、見たことのない機械や巨大な船、真っ白な工業塩の山がそびえ立つ。そして、その間を３kmも続く貨物列車がのんびりとひたすらまっすぐに走っていく。

マングローブが生い茂り、太古の昔からアボリジニの文化が脈々と受け継がれるこの町も採掘町特有のさまざまな社会問題を抱えていた。採鉱の労働者の半分以上はＦＩＦＯ（Fly-in Fly-out）と呼ばれ、短期単身赴任でフライインして２、３週間休みなく働き、フライアウトして１週間ほど休みをとるという労働形態で働いている。

ビレッジウェルの仲間たち。ジュベールお手製のランチを楽しむ

労働者にとって過酷な労働条件や家族から離れた生活は精神的な負担が大きい。私も実際に労働者用に建てられた施設に泊まってみたが、簡易型の宿舎の上、まるで軍隊かと思うほど細かな規則があり、とても人間らしい環境とは言えない。

また、ＦＩＦＯは地元雇用に結びつかず、需要供給のバランスが崩れて地価や家賃の異常上昇につながる上、よそ者であるＦＩＦＯ労働者はコミュニティに溶け込めず住民との衝突につながることが多い。空港プロジェクトの一環で行ったアンケートでは、「採掘所から空港に行く際にシャワーを浴びる暇も与えられず、チェックインに大勢が一度に並ぶので、まるで檻に詰めこまれる牛のような気分だ」という労働者のコメントと、地元住民の「オレンジ色の作業服を着た人たちが大勢お酒を飲んだりタバコを吸っていて子連れでは居づらい」といったそれぞれの立場でのコメントが印象的だった。

そのような難しい問題を踏まえ、空港拡張プロジェク

Carnarvon

トをいかにコミュニティづくりにつなげるか、それがビレッジウェルに与えられた課題であった。空港の拡張はもともとＦＩＦＯ労働者の増加に対応するためのプロジェクトであったが、労働者だけではなく、家族連れも安心して時間を過ごせ、また観光客も受け入れられる空港にできるよう、住民も巻き込んでワークショップをした。

　ワークショップには市長、ビジネス経営者から、アートなど、興味やテーマごとのコミュニティグループや地域住民まで集まった。ラウンジエリアの多様化、子どもの遊び場やシャワーの設置といった基本的なアメニティの他に、アボリジニのアートや、19世紀後半に盛えた真珠産業をテーマにしたアート、コミュニティギャラリー、労働者に町で時間を過ごしてもらえるようにイベント情報を載せる週替りタウンインフォボード、駐車場を使っての週末イベントなどの提案ができた。また、ワークショップでふと耳にした会話から生まれたアイデアもある。鉄鋼労働者に連れ添ってポートヘッドランドに来た女性たちが、町のフロンティア精神に習い起業したという。その手づくりビーフジャーキーやジャムが人気だと知り、そうしたポートヘッドランド産プロダクトをカフェに組み込むことも提案した。

　その土地特有の歴史や文化を学び、その場所ならではの問題にかかわれることは刺激的で飽きることがない。ＦＩＦＯのような大きな問題がプレイスメイキングだけで解決されることは決してないが、コミュニティの声を聴き、小さな種を植えていくことは意義のあることだと信じたい。そしてなにより、採鉱生活の現実も知らない日本人のコンサルタントを、オープンに迎えてくれるオーストラリアの懐の広さを温かく感じる。

10年後、どこにいても

　これまでの10年、パブリックアートからアーバンデザイン、プレイスメイキングと幅広くさまざまなことを学んだ。興味を追って、国が違っても領域が違っても自分を信じて試してみることで意外と道が開けたのはオーストラリアの寛容なお国柄のおかげだったのだろうか。振り返ってみると、日本でもオーストラリアでも、ハードやソフト、手段は違っても、クリエイティビティを鍵に、歴史やその場所らしさを活かして、人と人、人と場所をつなげる取り組みをしてきた。

これからの10年、私は一体どこにいて何をしているだろうか。プレイスメイキングのコンサルタントを続けているかもしれないし、アーバンデザインなど他の領域で働いているかもしれない。機会があれば日本のプロジェクトにも関わってみたいし、面白い機会が他の国にあればそれを追いかけてもいい。また、週休3日を続けることができるなら、そのうちの1日を個人的なプレイスメイキングのプロジェクトに使ってみるのも面白そうだ。コンサルタントとしてではなく、地元の1メンバーとしてコミュニティに貢献できたらうれしい。

30代半ばに差し掛かって10年後の像がはっきり見えないのは少々心もとないが、個人として、プロフェッショナルとして、なにかしらの形で人と場所をつなげるコミュニティづくりにかかわっているのだろうと信じて、一歩ずつ進んでいきたい。

街は劇場、人こそが主役―ポートランドの都市デザイン

―Portland, U.S.A

渡辺義之

ZGF Architects LLP

見晴らしの良いテラスに変身した荷積みのための足場

全米で最も住んでみたい都市

グリーンシティと呼ばれる美しいポートランド。空からは、緑あふれる都市というその名に違わぬ容姿を実感できる。私は建築家として、ポートランドの発展に深く関わってきたＺＧＦ建築事務所（以下ＺＧＦ）に在籍している。この町へ来て以来9年、町の変化を、設計者として、同時に住民として体験してきた。

今やポートランドは〝全米で最も住んでみたい都市〟〝最も環境に優しい都市〟に選ばれ、多くの人が移り住んでくる。クリエイティブな企業も多く進出し、創造都市とも言われる。経済的な活況と、環境都市の名声を同時に掴むことは難しい。経済が良いと普通は環境破壊が

小街区が鍵となったポートランドの街並み(Courtesy of ZGF Architects LLP, ©Bruce Forster - Bruce Forster Photography, Inc.)

起きるのだが、何故ポートランドはその両方を謳歌できるのか? 謎を解明しようと世界中から人々が訪れる。

謎を解く重要な鍵が、〝ミクストユース〟だ。ポートランドはミクストユースを基本コンセプトとして計画された都市であり、市内にはミクストユース・ビルも多く建設されている。このミクストユース・ビルこそ、私が建築家を志してからポートランドに辿り着くまで、ずっと探してきたデザイン・スタイルに他ならない。

20年前の転身——銀行業から建築へ

建築家を志し、日本を離れると決めたのはもう20年も前になる。当時勤めていた銀行を退職し、留学の道を選んだ。

1980年代後半、日本の大学で経済を学び、銀行に就職した。都市が魅せる多様で美しい表情が好きだった私は、面白い都市を築くデベロッパーか、それを裏方として支える銀行、どちらか迷って銀行を選んだ。最初の数年間はハウスメーカーと組んで土地開発業務の後押しをしたが、彼らがつくる図面を見ていて、畑違いの〝建築デザイン業務〟に強く惹かれていった。建築家は建物のデザインを通じ、都市の表情づくりを担う。自分も建築デザインをやってみたい、これこそ生涯の仕事ではなかろうか。期待で胸がどんどん膨らみ、とうとう人生で最も大きな決断をした。

　折しもポストモダンの時代である。街づくりに貢献する姿勢はなく、サインとしてのポストモダン、そんな建築スタイルを私は嫌っていた。誰かがこれに挑む必要がある、自分ならできる、無理矢理そう信じた。経済を学び、銀行に勤めていたからか、都市の活力や賑わいにつながる建築デザイン、その必要性を漠然と感じていた。都市、建築、ランドスケープが互いにつながって補強しあい、賑わ

アメリカの古都、ボストンの中心に位置するコプリースクエア(右)と、1997年、MIT時代の筆者。マイケル・マッキネル教授のデザイン・スタジオにて(左)

いのある街づくりに貢献する、そんな新しい建築デザインを志した。

　まずは建築のイロハを学ばねば！　当時の日本では、文系の私が理系の建築学部に入る道のりは険しかった。しかしアメリカでは、建築はファイン・アーツ（Fine Arts）という文系科目に分類される。才能さえあれば、第2のキャリアを目指す人も大学院に入れると判り、自然と目はアメリカに向いた。ポートフォリオが才能を表現する手段だが、困ったことに当時は〝ポートフォリオ〟なんて言葉を聞いたことがなかった。何を送ろう？　散々迷い、趣味でつくった陶芸の写真を送る、そう決めた。

　私のポートフォリオは相当物議を醸した、と後で聞いた。スケッチなし、図面なし、模型なしとはかなり風変わりだ。それをアメリ

カ五つの大学院に送ってしまった。ところがアメリカの懐は深い、そんな非建築的なポートフォリオを見て、私に賭けてみようと思う人物が入学審査会のなかにいたのだ。エッセイに書いた意気込みが果たして通じたか？94年3月、ＭＩＴ（マサチューセッツ工科大学）から待ちに待った合格通知が届く。行き先は東海岸の古都ボストンと決まった。

12年にわたる建築漬けのボストン生活、寝る間を惜しんで勉学と仕事に励んだが、辛いと感じたことは一度もない。私の建築家としての背骨を築いた大切な月日であり、恩師と仰ぐマイケル・マッキネル教授と出会った時期でもある。私は彼のスタジオの生徒として、彼のデザイン力や設計プロセスを教える力、図面と模型を通して生徒の迷いを言い当てる洞察力、すべてに心の底から感銘を受けた。マイケルのクリティークは美しい詩の朗読を聞いているようで、その声は今でも記憶に残る。卒業間近、彼の事務所で働きたいと告げ、彼も喜んで私を迎えてくれた。

ボストンから西へ――ポートランド時代

06年、マイケルの下で8年が過ぎ、チーム・リーダーとしてセント・ルイスのワシントン大学校舎設計に携わっていた。この仕事が一段落し、西海岸の建築をもっと知りたいと思い始めた。欧州の影響か、アメリカ東海岸から中部の建築は、輪郭が明瞭できっちりしている。対照的に西海岸の建築は気候のせいか曖昧性があり、自由度が高い。日本の空間構成も柔軟で自由度が高く、共通性がある。将来日本でも仕事をするには、西海岸的設計態度やプロセスを習得すべきだと感じていた。

手始めはサンフランシスコ、“Archinect.com”という建築家求人サイトを見て、10くらいの事務所にポートフォリオを送った。リーマンショックまで2年、まだ求人は多かった。面接に呼ばれたある事務所で〝残念だが君が満足できるプロジェクトが、今はこの事務所にない。Ｚ

GFなら君も満足するはずだ〟とZGFの共同経営者グレッグ・ボールドウィンと、彼らのポートランドでの仕事ぶりを紹介された。

面接官に別の事務所を勧められて複雑な気持ちだったが、これも巡りあわせだ、と前向きに考えた。それにしてもポートランドはダークホースだなぁ、と思案してボストンに帰ると、1週間も経たずにグレッグから連絡があり、1カ月後にはポートランドに飛んでいた。蝶ネクタイを締めた紳士風の優しそうな彼は、マイケルのハーバード時代の教え子だったと聞き、あらためて巡りあわせをうれしく思った。

ZGFの名前こそ知らなかったが、調べるとアットホームで評判の良い事務所だと判明した。グレッグは、私の建築観や才能を高く評価してくれて、すぐ仕事のオファーをもらった。こうして建築家としての第2章が、ポートランドで始まる。

〝切り株しかない町〟

アメリカ北西部に位置するポートランドは、人口60万人の地方都市。大きな田舎町と言ったほうが正確なような気もするほど、のんびりとしている。昔から貧乏町で〝スタンプタウン〟つまり〝切り株の町〟と長く揶揄されてきた。主産業は林業、木を切り倒し続けて生活の糧としていたので、切り株しかないつまらない町という意味だ。車時代を迎えた50年、60年代には、郊外が野放図に宅地化される都市の〝スプロール化〟によって大打撃を受ける。

急激なスプロール化が進み、中心市街地に大量の駐車場が必要になった。公共交通の拡充が追いつかず、住宅地である郊外から職場のあるダウンタウンに通うには、自家用車が唯一の交通手段となったからだ。当時の写真を見るとギョッとしてしまう。中心市街地を駐車場が占拠し、グリーンシティと呼ばれる今の面影はない。車の大群は大気と川を汚し、緑もなく、殺伐とした街を人は歩かなくなった。そして街路から人の気配が消える。自然と商店街は立ち行かなくなってシャッター街と化し、街が荒れた。この荒廃は深刻で、20余年も続く。

街の再生とZGFの果たした役割

しかしこの田舎町は見事に復興を遂げる。鉄の塊から街を取り戻すべくポートランド市民が立ち上がり、彼らの要請を受けて、市は70年代前半から新都市デザインを取り入れる。ZGFは70年代後半、新都市デザインの核となるライトレール敷設や公共空間整備に関わり、街の再生の力となった。これが引き金となり、人が街に戻り、商業が栄えたのだ。42年設立の我が事務所はポートランドに拠点を置き、現在インテリア、建築、都市デザイナーまで250名を擁す。環境に優しい建物、

250名が働くZGFポートランドオフィス（©ZGF Architects LLP）

車に依存しない都市デザイン、公共空間の高質化を長年提案してきたZGFは、高い志とビジョンを持ったデザイナー集団だ。

72年、32歳で初当選を果たしたゴールドシュミット市長は、24時間人で賑わう中心市街地をつくる、と謳ってポートランド再生の基本コンセプトとした。街の主役は誰か？　折しも車時代を謳歌していたアメリカで、人こそが街の主役であり、人が楽しく歩ける街づくりを官民一丸となって目指した。以来、他都市と一線を画してきた、ポートランドの独創的街づくりの真髄だ。建築家として、都市デザインにも大きな興味があった私はこのストーリーを聞いて、ZGFの一員であることを誇りに思った。

ミクストユース型都市への転換、これが施策の背骨だった。住むだけ、または働くだけ

のエリアからの脱却だ。中心市街地は住む、働く、遊ぶ、学ぶ、交流するなど用途混交エリアとして整備された。昼夜間人口を平準化することで、昼夜を通して賑わうエリアをつくろうとしたのだ。ミクストユース型の都市では車での移動が減り、徒歩や自転車での移動が多くなるので、大幅な環境改善にもつながる。

80年代に変化の兆しが現れ、商業は1日中客の入りが見込めるので営業がしやすくなり、賑わいが戻って希望の光が見えた。さらに広場や街路の緑のネットワークをつくり、ライトレールやストリートカーなど公共交通を充実させ、環境都市の枠組みを整備した。それは寂れていた街に賑わいを取り戻し、人や企業を惹き付けて新たな仕事をつくる、アメリカ版地方創生だった。

ダウンタウンの緑の天蓋を走り抜けるライトレイル。ZGFが敷設計画をつくり、アメリカランドスケープ建築家協会の協会賞を受賞した（Courtesy of ZGF Architects LLP, ©Bruce Forster - Bruce Forster Photography, Inc.）

ポートランドの〝クール〟と〝ノット・クール〟

見事再生したポートランドに、「暮らすには素晴らしい街」と太鼓判を押す前に、〝ノット・クール〟な点から紹介する。それは経済規模の小ささで、景気の波に影響を受け易い。アメリカでは雇用にも市場が存在する。景気が下降し、ある事務所の仕事数が減れば一部の所員はレイオフされる。レイオフとは一時解雇のことだが解雇に等しく、若い人が対象となるが、動きの活発な雇用市場のお陰でレイオフされても案外早く次の職を得ることができる。

しかし経済規模が小さ過ぎて、08年のリーマンショックではポートランドの雇用市場は大きな負の作用を吸収しきれなかった。それ以降、この街で多くの建築家が職を失い、職を長期間探していた。回復が早かったサンフランシスコなどの大都市と違い、ポートランドの建設市場は活況が戻るまで5年以上掛かった。日本でレイオフは稀だと思うが、ポートランドの現実的な雇用環境は覚えておく必要がある。

そうはいってもやはり、ポートランドは暮らすには素晴らしい街だ。住む場所を起点として〝周囲20分徒歩圏のなかに住、職、商、学など全用途がある〟ということを都市デザインの基本理念につくられている。ヒューマンスケールで歩き易く、すべてがユーザー目線でつくられて便利この上ない。車を持たない私でも、中心市街地ならばストリートカーでどこにでも行けるし、カーシェアリングの車が至るところに駐車され、いつでも短時間で借りられるので不便はない。自然も身近で、自宅から20分歩くとハイキング・コースがある。春から秋は毎週末そこで気持ち良く汗を流し、森林浴をしてリフレッシュしている。

俗っぽい側面では、サードウェーブコーヒー店や地ビール屋が多く、質も高い。美味いコーヒーとビールが大好きな私には大きな喜びだ。そういう店は街角のクールな店として賑わいづくりに一役買っていて、街づくりに貢献する建築とはどうあるべきか、その参考にしている。賑わいを呼ぶ窓割りや人が集まるインテリアなどを思案中に立ち寄り、創作の糧としているのだ。このような店や、アメリカ人が好きなホームパーティが交流場所となり、違う事務所の建築家や他業種の人たちと情報交換することも多い。街の環境はハードとソフト両面から整備され、建築家の給料は比較的低いが、ポートランドでは楽しい生活を送ることができる。

パール地区のカフェ、バリスタ。第2の職場として使う人が多い

ZGFが設計した〈ディレクター公園〉。ダウンタウンに位置する市民の憩いの場
(Courtesy of ZGF Architects LLP, ©Eckert & Eckert - Eckert & Eckert)

BARISTA

新旧建物、老若男女、さまざまな〝ミックス〟が街の魅力をつくる

私は事務所に、自宅から毎日10分歩いて通い、ミクストユース型都市の素晴らしさを満喫している。家の前にはピーター・ウォーカー設計の公園が広がり、噴水の水音を聞き、風を感じて歩くと心が穏やかになる。職場への道には集合住宅やオフィス・ビルはもちろん、パン屋、カフェ、レストラン、病院、銀行、服飾店、家具屋、ヨガ教室が立ち並び、その変化に富むインテリアを覗きながら歩けば、あっという間の10分だ。街路には6ｍのピッチで立つ街路樹が、建物のファサードにリズムよく陰を落とす。街角にはフラワーボールが下がり、その下のベンチで人々が談笑する。街がいきいきしている。

私が気に入って10年近く住むパール地区は、元々は寂れた倉庫街と貨物の操車場で、娼婦が立つ危険地帯だった。昔の有様しか知らない知人は、私がパールに住んでいると聞くと仰天する。90年代、再開発が始まり、低中層の建物が並ぶヒューマンスケールの街並みに変貌したのだ。今や数万人が住み働いて活気のある、大人気エリアだ。

建物の1階には必ず商業施設などのテナントが入り、条例がこれを定めている。1階の外壁は大部分を窓や入口にして、屋内の営みが街路に漏れ出る工夫がされ、これは市のデザイン・ガイドラインが奨励する。ガイドラインは、ZGFなどの民間と市が議論して築いた〝賑わいのある街〟をつくる指導要綱だ。車に街が占拠され、荒廃を招いた苦い経験を繰り返さないため、多くの人が楽しんで街中を歩ける工夫を何重にも取り入れている。

ホームパーティは他業種他事務所の人たちと情報交換する場でもある

上階にはオフィスや集合住宅、ホテル、学校が入った瀟洒な建物が並ぶ。学校があるので若い男女でも賑わう。新築に加え、倉庫を改装して古いが味のある建物も多い。ミクストユースといっても単に用途の混在だけを意味するのではない。それに加えて、新旧建物のミックス、ユーザー年齢層のミックスなど、さまざまなミックスが達成されて初めて個性的な街づくりにつながる。特に新旧建物のミックスは都市デザインにとって重要だ。

住民にとって古い建物は、かけがえのない街の記憶だ。それを残したいという住民の強い要望を受け、ガイドラインは〝地区の歴史的特徴の強化〟を奨励している。たとえば倉庫街だったパールでは、荷積みのために数段高い足場が併設され、ガイドラインはこれを歴史的モチーフとして活用することを促す。

パール地区の建物の地上階には、大きな開口部を持つリテールやカフェが多く、街路とテラス、屋内空間がつながったユニークな都市空間が形成されている
(©ZGF Architects LLP)

90年代後半、倉庫をレストランなどに改装する機会に、頭を捻ったデザイナーたちは庇や手摺を付け、足場を小上がり的なテラス席に変身させた。見晴らしの良さが大人気となり、住民ばかりでなく観光客でも賑わった。今や多くのバーやレストランが真似て、パールの際立った特徴となっている。

ミクストユース・ビルの設計

ミクストユース地区として計画されたパール内の多くの建物は、実はミクストユース・ビルとして設計されて街づくりを補強している。それは都市デザイナーたちからのパスを見事に受け取り、建築家たちが華麗にゴールを決めた、そんな感じだろうか。あまり知られていないが、ZGFはパール地区のマスタープラン、公道基準、ストリートカー敷設計画も作成している。

ミクストユース・ビルはその中に複数用途を持ち、動線が複雑になるので、設計時に建築家の豊かな創造力と構成力を要する。1階に商業、2〜4階程度までオフィス、その上は集合住宅といったつくりもあってバラエティに富んでいる。ミクストユース・ビルの設計では、複数の用途を巧く配置することで、構成の妙を形態の美しさとして表現できる。さらに賑やかさや自然環境にも積極的に配慮するという点で、新しいデザイン・スタイルを示唆している。

私が設計したミクストユース・ビルでは、商業が入る1階に木のフレームの窓を使い、街路空間に温かい賑やかさを生んだ。木のフレームの、大きな引き違い窓も採り入れ、リテールと街路がつながる縁側的な空間も実現した。上階の集合住宅へのロビーでやはり木を使ったが、住居らしい安心感を演出するため、山小屋で使われていた太い廃材を再利用した。この街でロビーは住人の懇親会に使われ、ワインなどを供することが多い。そんな営みやインテリアを歩道を歩く人たちに見せ、街路の個性や賑わいの一部として開放したかったので天井までガラス張りのロビーとし、植栽を目隠しに使用することは避けた。日本では、住居ロビーを街路空間とここまで一体化させる設計はまだ少ないそうで、日本の視察団から、これはオフィスのロビーですか？と頻繁に質問を受ける。

ZGFが設計した〈Twelve West〉、全米で最も環境に優しいミクストユース・ビルのひとつ。LEEDプラチナ認証取得。筆者もデザイナーとして設計に深く関わった
（Courtesy of ZGF Architects LLP, ©Timothy Hursley - Tim Hursley）

アメリカ最小の街区割

都市デザインに、建築家の視点を持って参加し貢献する、これが私の挑戦である。この

街でグレッグに出会った。この巡り合わせは、私が都市デザインに関わるきっかけをつくった。彼が、建築家の視点や関与が、都市デザインの成功に不可欠だと教えてくれた。

建築家兼都市デザイナーであるグレッグは、ＺＧＦ都市デザイン部を統括し、30年以上ポートランドの都市デザインに深く関わった。都市デザイナーは〝街の枠組み〟をつくる。そのうえに建築家は〝居心地の良い場とか建物〟をつくる。通常、その二つの間に時間的な隔たりがあるが、ポートランド流都市デザインでは、双方が計画の早い段階で同時に検討される。この点がユニークで、都市デザインのプロセスに建築家の関与が終始必要となり、私のような役割が重要視される。

90年代後半、ＺＧＦはグレッグを中心にパール地区のマスタープランをつくった。その時、彼が好んだ都市デザインの原則に則り〝小規模街区の採用〟を提案した。一般的なアメリカの街の街区は１２０ｍ四方と大きい。反してポートランド街区は60ｍ四方と全米最小だ。当時、野原に等しかったパールに小街区割を適用し、人が主役の街をつくろうとした。小街区は、街角から街角まで距離が近く、風景がすぐ変わって街歩きを飽きさせない利点を持つ。

同時に建築家としての彼は街路樹を多く植え、歩行者道路を整備して街路空間の高質化を図り、建物の1階を賑わいづくりに参加させる提案もした。必ずレストランや小売りといったテナントを入れ、テラスや路地が街路樹と相まって目を楽しませる工夫だ。これが導入されないと街路空間が殺伐とし、街の主役が車に代わる大きな危険が潜む。小街区は

筆者設計の引き違い窓（右）と集合住宅のロビー（左）。いずれもインテリアを見せ、屋内の賑わいが外に漏れ出ることを意図する（Courtesy of ZGF Architects LLP, ©Eckert & Eckert - Eckert & Eckert）

楽しく人が歩けるようにデザインされた街（Courtesy of ZGF Architects LLP, ©Bruce Forster - Bruce Forster Photography, Inc.）

街路面積を増やす、諸刃の剣だ。

小街区の長所と短所を熟知していたグレッグは、パール再開発の苦労話をよく語ってくれた。「もうすぐ環状化するストリートカーが、市内の全エリアとパールをつなぐんだ」とうれしそうに話していたのが昨日のことのようだ。不幸にもその完成を見る前、彼は突然他界した。

日本でも同じことができるのか!?

小街区採用も含め、彼が好んだ都市デザインのノウハウは、私も含めた彼の弟子たちにしっかり受け継がれた。それはポートランド流の都市デザイン成功の秘訣として、今も弟子たちによって数々の都市に応用されている。

私が携わった柏の葉キャンパス・プロジェクトもそのひとつだ。千葉県柏の葉キャンパス駅周辺で、国際キャンパスタウン構想という大規模な街づくりが進む。ZGFは、今後の街のアーバン・デザイン・コンセプト作成を手伝った。ここでは柏の葉アーバンデザインセンター

（以下ＵＤＣＫ）という公学民から成る組織が中心となり、あらゆる立場の人が連携し、知恵を出す画期的な街づくりの仕組みを設けている。私と同僚は14年初頭から幾度も柏の葉を歩き、地元コミュニティと意見交換し、ＵＤＣＫと議論して案を練った。彼らもポートランドを訪れ、我が街の素晴らしさを実体験した。年の暮れ、我々は構想委員会にポートランドらしいミクストユース型の最終案を提示し、高い評価を受けた。

提案のなかで、我々は小街区採用にこだわった。現状は大街区となっているが、新たに道路をつくって小街区に変更することができない。議論の結果、敷地内通路を提案して擬似的に小割とし、ヒューマンスケールの創出を試みた。敷地内通路には、路地に似た安全な和空間となり、そこで住み働く人たちにとって愛着が湧く長所もあった。さらに従来型の建物の設計手法も見直し、１階を積極活用して賑やかさをつくるミクストユース・ビルの導入も提案した。〝街の大きな枠組み〟に関する都市デザインの提案書が、一つひとつの建物の設計方法の見直しまで言及することは、極めて稀だ。しかし、これこそがポートランドの知見であり、ミクストユース型の街づくりの成功に不可欠なのだ。

かつてポートランドが荒廃で喘いだ時、都市デザイナーと建築家は協力し、ミクストユースをコンセプトに新しい街づくりを提案した。そしてそれが再生の礎となり、街は蘇った。その基本コンセプトは至ってシンプルだ。街という劇場の主役は人であり、歩く人のために街がデザインされるべき、これに尽きる。車や建物は端役でしかない。今後も私は、建築家としてミクストユース・ビルの設計を通じ、ヒューマンスケールを保ち、賑やかな都市デザインに貢献していきたい、そう強く願う。

北欧の町で知ったサスティナビリティ

−Stavanger, Norway

木藤健二郎

Ramboll Group Stavanger

自転車で散策中のスタバンゲル

消費大国中国、アメリカを経てたどり着いた北欧の町

ノルウェーのスタバンゲルは国内第4の都市だが、人口はたった13万人程度。しかし北海の石油産業の拠点として、ノルウェーの経済を牽引している。世界各国の人々が働く国際的な町だ。好景気を背景に市街地が拡大を続ける一方で、フィヨルドに代表される豊かな自然に恵まれ、緑地や水辺と混ざり合った特徴的な市街化のパターンが見られる。この町とその周辺で私が取り組んでいることは、こうした町の構造と不可分だ。

初めてスタバンゲルに着いたのは２０１３年7月。夏休みの時期で、仕事始めまで2週間ほどのあいだ、生活のセットアップをしながら、毎日市内と郊外を自転車で

スタバンゲル市中心部。さまざまな緑地や水辺が混ざり合う町である

くまなく散策した。0時ごろまで日が沈まず、晴れ渡った空にフィヨルドの彫りの深いランドスケープが映える。複雑な海岸線、島々、湖周り、農村地帯、広大な自然エリアへの遠出など、楽しい自転車ルートは尽きなかった。

ランドスケープデザインの魅力は「持続的なインフラ」と「人の体験」を同時に模索できることだ。そう信じて中国やアメリカで知識や実務を積んできた。中国では当時勤めていた日本の会社のプロジェクトを担当し、後輩と2人で西安市に住んで興味を追求できるプロジェクトも経験したが、中国で持続的なまちづくりを提案するには実力や知識が足りなかった。その力を蓄えるために、アメリカの大学で学び直し、卒業後に勤めた設計事務所RHAA（Royston Hanamoto Alley & Abey）サンフランシスコオフィスでは、運良く計画から施工までいくつかのプロジェクトで一連の仕事の流れを経験できた。

しかし冷静に考えた時、中国もアメリカも国全体としては持続的とは言えない。アメリカは、消費と成長を基本とした経済のモデルを成功させ、それを世界のスタンダードに広めた国だ。では、持続的な社会の実現に一番成功していて、経済的にも高い水準にあるのはどこか？　思い浮かんだのが北欧の国々だった。単純な思いつきで、知識もコネクションもなかったが、幸運にも身内や知人のつてをたどって募集を見つけ、たどり着いたのが、現在の職場ランボル(Ramboll)・スタバンゲル支社だった。それからまもなく2年が経つ。

ランドスケープ——インフラと人の体験を同時にデザインする領域

そもそも、最初は建築家になるつもりでいた。自分があれこれ考えたことがカタチとして残り、うまく行けば末永く使われていくことが興味深かった。しかし大学を卒業してす

西安の〈ポケットパーク〉。付近に残る、昔ながらの路地に見立てたたまり場が連なる

アメリカの設計事務所 RHAA で担当した〈メンズ・ウェアハウス社本社中庭〉。近くに公園がないので、散歩や休憩できる中庭を提案した

ぐに関わった公園のコンペを機にランドスケープの仕事をすることに決めた。それはマドリッド郊外のガヴィア公園に森をつくるコンペで、建築家の伊東豊雄さんと恩師の石川幹子先生が協力して取り組み、私も研究室のリーダーとして参加した。その公園は、市民のレクリエーションの場であると同時に下水の浄化システムでもあり、そこに広大な森を作ることでマドリッドの暑く乾燥した気候を緩和する計画であった。このコンペを通じて、持続的なインフラと、人の体験のあり方を同時に模索することが、ランドスケープには可能であり、それは刺激的なことに違いないと思い、この道に進むことを決めた。少なくともそれまで、そうしたアプローチの建築も現代ランドスケープも見たことがなかった。

巨大エンジニアリング会社ランボル

日本、中国、アメリカを経てたどり着いた現在の職場ランボルは、コペンハーゲンで設立されたエンジニアリング会社で、北欧をメインに、異なる得意分野を持つ設計とエンジニアリングの会社を吸収して大きくなった。現在1万人以上の設計者・エンジニアを抱え、21カ国に支社がある。スタバンゲル支社は、設計・計画とエンジニアリング部門合わせて50名強が働くオフィスだ。

働き始めて感じた特徴のひとつは、自社内に異なる専門の密接な協力体制があることだ。ランドスケープアーキテクト、建築家、土木や設備のエンジニアが、時にはオフィスをまたいで協力して仕事を進める。案件の流れのなかで即座に話し合うことができるので、建築の配置や基盤高、周辺の道路の造成高、配管なども、ランドスケープの意図や納まりの観点から提案し、容易に調整できるし、逆にこちらが調整することも多い。

オフィスにて同僚と打ち合わせ。異なる専門分野同士の密なコミュニケーションが重視されており、大小の会議室やオープンな打ち合わせスペースがたくさんある

もうひとつの特徴は、良くも悪くもフラットな組織だということだ。責任の所在が不明確になり易いマイナス面もあるが、トップダウンではなく、皆の合意により意思決定がなされ、ポジションに関わらず信頼関係を同僚の一人ひとりと築くことが仕事のコミュニケーションをスムーズにする。だから新入りの外国人である私でも、努力次第ですぐに大切な意思決定に関わることができ、やり甲斐がある。「こいつにこういうことを頼むとこんなアウトプットが返ってくる」ということがしだいにわかりはじめると、どんどんいろいろな種類の仕事を頼まれるようになり、役割が増えていき、楽しい。イースター休暇前の

忙しい時期には、自分の担当案件以外に、造成や植栽の詳細計画、手描きと3Dのパース、報告書の構想、コンセプトダイアグラムなどを日替わりでやっていた。最近は、新しく入社したベテランの庭師の同僚と共に、個人の庭などもやっている。庭に携わると、ノルウェー人の生活の視点で風景を見ることになるのが楽しい。また普段扱う、より大きなスケールのランドスケープや都市計画を考えるうえでも、個人的でミクロな生活のディテールから得るものは大きい。

担当プロジェクト

ノルウェーに来た当初から現在に至るまで、スケールも段階もさまざまな設計と計画の仕事をしている。当初は英語でやりとりしていたが、最近では日常的な打ち合わせもノルウェー語になりつつある。

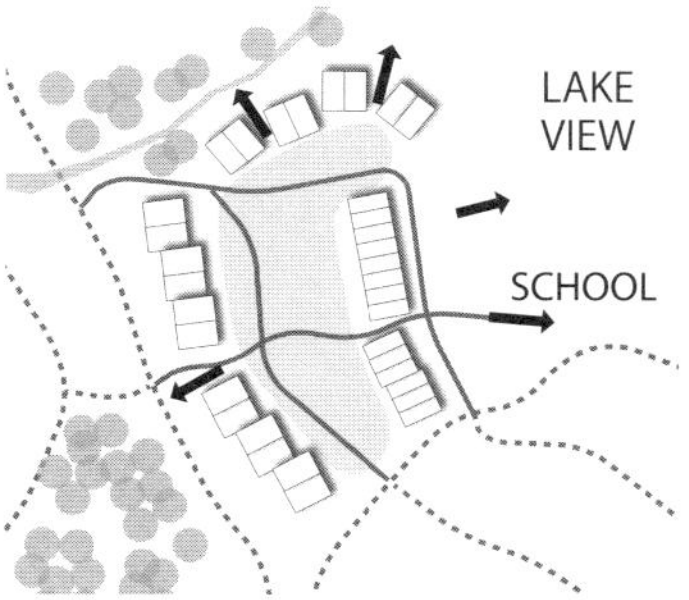

ノルウェーで最初の仕事。周囲の景観や公共施設とのつながりを重視した約42haの住宅地

最初の仕事のひとつとして、すでにマスタープランが作成されていた42haほどの大きな住宅地の、個別の街区の詳細計画を引き継いだ。街区の周囲には、地形や水系を活かした公園や学校が計画されていた。街区は高台にあり、遠くの湖が見える。私たちは、コモンスペースを中央に配置した中庭型プランを提案した。北国なので十分日照を確保しながら最大限住戸を詰め込むためだ。これに加え、中庭を囲む建物のボリュームを極力離すことで、中庭からいろいろな方向に動線や視線が抜け、周囲の風景や公園・学校とのつながりを強めることを意図している。

このような、敷地や周囲の緑を活かす提案の一方で、ランボルが全社の理念としている、環境エンジニアリングの手法を総合的に打ち

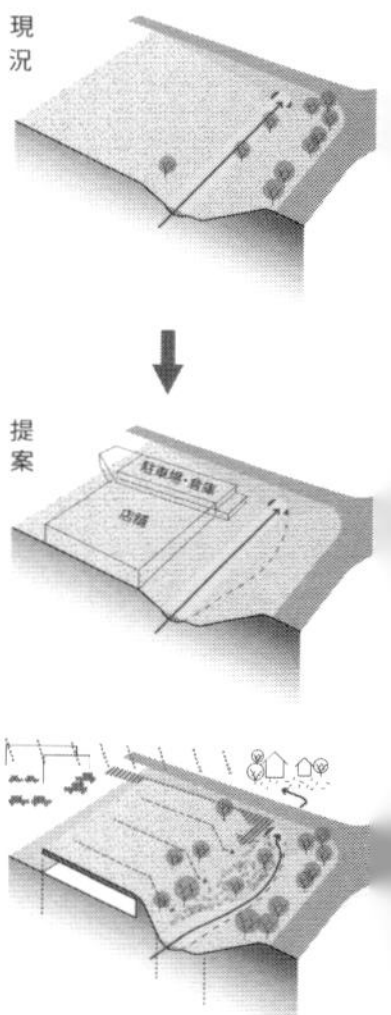

ブリュネでの住宅と店舗複合プロジェクト。写真右上の湖を水源とする水路が市街地とプロジェクト敷地を流れ、農村エリア(写真左下)へと続く

出すような提案にも取り組んでいる。スタバンゲルから60kmほど南に位置するブリュネでの住宅と店舗複合プロジェクトはそのうちのひとつだ。敷地は水路に面する。この水路は敷地東側の湖を水源とし、ブリュネ市街と当敷地を経由した後、農村エリアに農業用水を供給して、別の湖と北海に注ぐ。我々は、敷地および隣接する巨大駐車場での降雨を一時貯留・浄化する緑地と湿地を水路沿いに提案している。この緑地は、店舗と駐車場を覆うように連続し、住民や来訪者のために、水辺と一体となった活動空間をつくり出す。このオープンスペースを、農村エリアと中心市街をつなぐ結節点のような空間とする考えだ。ノルウェーではまだこのような、開発によって生じる水質や既存インフラへの負荷の低減への取り組みは一般的ではない。しかし大きな案件では自治体の関与が大きく、彼らとうまく連携することが、共有資本である水や緑に対する提案にとって重要な鍵となるだろう。その時、ランボルが果たせる役割は小さくないはずだ。

浸透しあう緑地、コモンスペース、私有地

自転車は、私の中学以来の趣味である。楽しみながら町や地域の自然についてインプットできるのがいい。知らない町を転々としながら設計の仕事をしてきた自分にとって、好都合な趣味だ。ここスタバンゲル近隣でも、サイクリングの体験は素晴らしい。市街地でも郊外でも、なんとなく地形や緑地の構造と、人の生活がうまく調和しているように見える。そしてその背景にはさまざまな努力や政策づくりがあることを、仕事や執筆などの機会を通じて知った。そして今も発見している最中だ。

有名な景勝地プレーケストーレンまではおよそ１００km、8月のとある金曜日に仕事を少し早く終えて自転車で向かった。いくつものフィヨルド、湖、峠を超え、オアネスという村で定期フェリーに乗りフィヨルド対岸へ渡り、最後に標高差５００ｍほど山道を登るとプレーケストーレンへの登山口だ。少し遠出するだけで、自転車の速度にピッタリな景観変化の中、サイクリングを楽しめる。青空とのコントラストの効いた、彫の深いフィヨルドの景観が映し出される湖に沿って走る。岩清水で喉を潤し、野鳥や羊の群れ、水辺で遊ぶ家族たちを眺めながら走る。登山口付近には宿やキャンプ場もあるがハイシーズンのために満員だ。迷わず険しいハイキングトレイルの先にある湖をめざして自転車を担ぎ、湖のほとりでキャンプした。湖の水は綺麗で、体を洗うのはもちろん、飲んでも問題ない。こうした野宿は、ノルウェーでは合法なのである。ハイカーのためのアクセス権を認める法律（パブリックライトオブアクセス）があり、耕作地でない限り、私有地を往来しキャンプする権利が認められている。また農道をハイキングトレイルネットワークの一部として、農家が政府から助成を受けて整備、管理しているケースも多い。この法律によって、連続するレクリエーションネットワークがつくり易く、計画の自由度や可能性を広げている。スタバンゲルでは、郊外の自然エリアに出かけるだけでなく、普段の生活でも仕事や学

校帰りに水辺や森でジョギングやサイクリングを多くの人が楽しんでいる。行政、市民、農家など、さまざまな人々が関わって緑地とハイキングトレイルが維持されている。

我々が携わるプロジェクトでも、このトレイルネットワークを活かす試みがある。ノルウェーの住宅地開発では、各自治体によって遊び場や憩いのためのコモンスペースを相当面積確保することが決められている。スタバンゲル近郊のハーガヴェスト住宅地の計画では、既存樹林、岩山、流れ、農家の納屋などを利用したコモンスペースを計画している。これらをつないで一連の歩行者ネットワークをつくり出し、近隣の自然エリアのトレイルネットワークと連続する緑地空間を提案している。近くにラムサール登録湿地があるほどの自然環境を最大限活かそうと考えたものだ。

水面まで 700m の絶壁、プレーケストーレン。フェンスはない

スタバンゲル市内、自宅の近所のハイキングトレイルと水辺

水と緑がつくるインフラストラクチャー

欧米では、気候変動に適応し、既存のインフラや環境への負荷と洪水のリスクを低減する目的で、植物による雨水の浄化と一時貯留や地中への浸透のための施設が注目されている。北欧ではブルー・グリーンストラクチャーと呼ばれ、工学的な既存のインフラと対照し、「水と緑のインフラストラクチャー」といった意味だ。

ノルウェーでは、コモンスペースの質と量の確保や文化的な景観の保全の重要性については、社会的に共有され、そのための制度や仕組みが充実している。一方、開発による水質や既存インフラへの負荷の低減については、これまでそれほど重視されてこなかった。欧米の都市のなかでも、こうした取り組みは、各都市の状況によって進捗に差があるようだ。

緑地に近接する〈ハーガヴェスト住宅地〉。敷地内のコモンスペースや樹林を、広域の散策ルートの一部に組み込む

たとえば以前働いていたサンフランシスコは、アメリカで最も高密度な都市のひとつであるうえに、雨季の洪水と乾季の干ばつという両極端の水の災害の恐れがある。このため自治体による計画や制度もしっかり整備され、新規開発に対し、敷地内で雨水の貯留浄化を義務付けるなどの取り組みが行われている。私自身、アメリカにいた当時、植物による雨水の浄化や洪水緩和のための方法論を重点的に学び、実務でもそうしたプロジェクトを担当したことがある。

もうひとつの例はランボル本社のあるコペンハーゲンである。海に面した低地に位置し、洪水や海面上昇による被害の危険性を抱えている。また地下水を水道水に利用しており、地下水位が高いため、水質汚染についても敏感だ。こうした理由から雨水の持続的な治水システムの先進的な取り組みを進めて成果を上げており、ランボル本社も深く関わっている。

一方でスタバンゲルの場合は、自然豊かなノルウェーのなかでも、北海油田開発の拠点に指定された後、60年代後半からゆっくり都市化が進んだ地域である。半分農村、半分都市のような状況のため、水と緑のインフラづくりへの関心は高くなかった。

そんな地域であるが、現在、隣町のストリートデザインのプロジェクトで、とても小さな雨水浄化装置を設計している。アメリカやデンマークでの事例を参考にして、ノルウェーの設計基準に合わせて構造を検討している。また植物は地元の圃場で入手可能な雨水浄化に使えるものの中から、生育と管理が容易で季節を通じて花や葉の色を楽しめる組み合わせを検討している。とても小さなプロジェクトだが、この土地にふさわしく現実的な雨水浄化装置を実現できれば、普及するのではないかと考えている。それは、この地域のアイデンティティである水と自然の美しさを維持していくためにも重要だ。

自然との調和を新しいかたちで表現したい

一方で、都市化を、その初期の段階からコントロールし続けているスタバンゲルでは、充実したコモンスペースと自然エリア、それらを結びつけるトレイルのネットワークが素晴らしい。ここに住む人々にとってなくてはならないものだ。私が携わる多くの案件では、持続的な理念にこだわり過ぎず、より単純に敷地や周囲に残る自然環境と調和したかたちで新しい空間をつくろうとしている。「周囲と調和したランドスケープ」。目新しさのない響きだが、ヴァイキングの昔から長年維持されてきた風景に敬意を感じる。その風景の延長線上にあり、現代の生活にフィットした空間を模索すること、それも土や植物など何千年も使われてきた材料を用い、普遍的な工法で追求することは、創造的なことだ。こうしたランドスケープが普及すれば、結果として環境と共生する、持続的なかたちに都市全体が再編されていくはずだ。

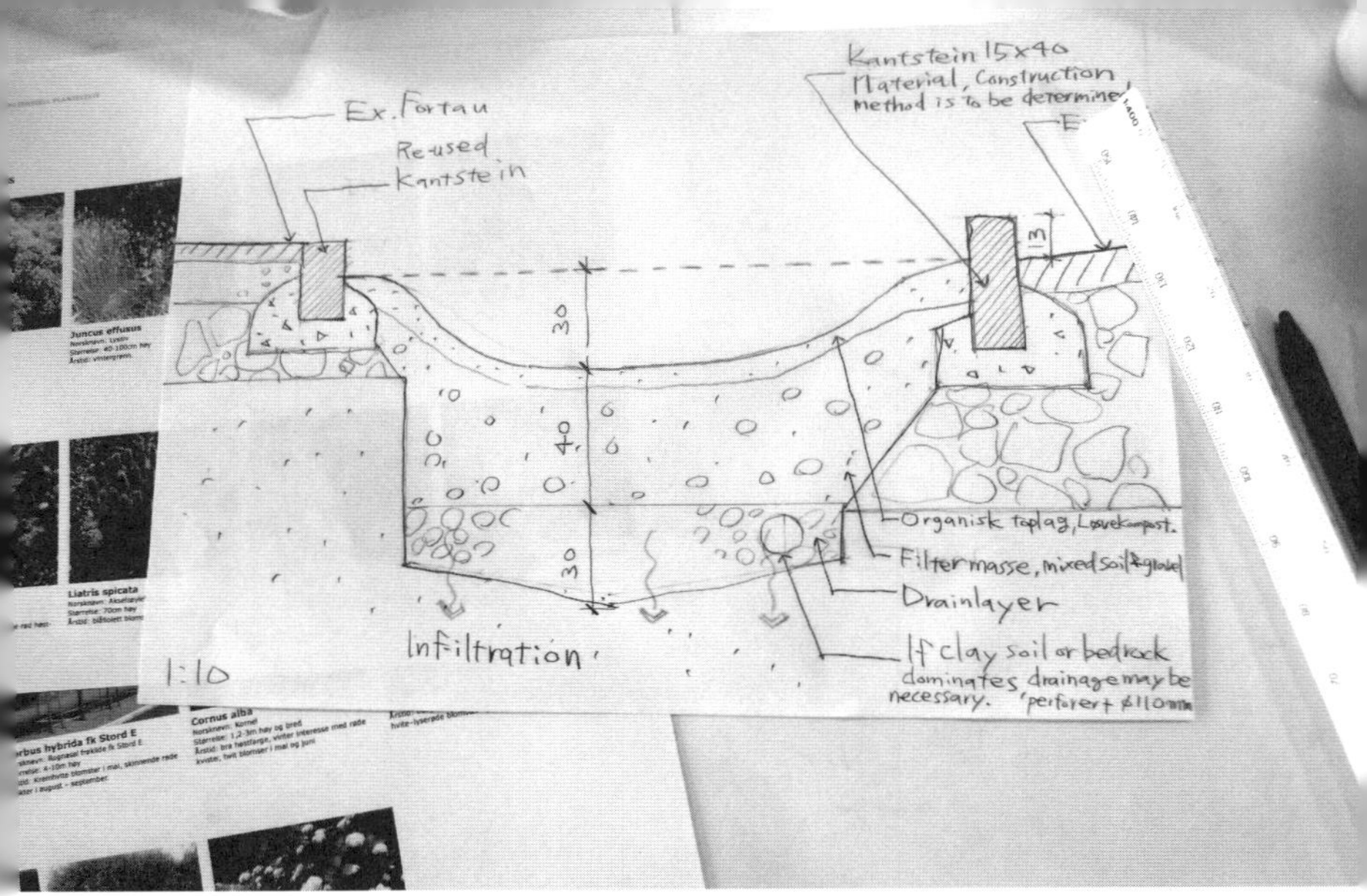

スタバンゲルの隣町にあるロアルド・アムセンス通りのための雨水浄化プランターのスタディ

常に価値観を問い直されている

ノルウェーは日本とほぼ同じ大きさだが、人口は500万人に満たない。経済的には豊かだが、物質的豊かさにあまりに無関心に見える。ブランド店はないし、スーパーの品ぞろえは単調で乏しい。高額なため、皆あまり外食せず、そのせいでダウンタウンのレストランは少ない。消費税は25%だ。そしてすべてのお店は日曜休業。給料は悪くないが、税金をがっぽり引かれる。よそ者の私は、税金の高さや街中での娯楽のなさに文句を言っているが、ノルウェー人の口から文句を聞いたことがない。

一方、ここには生活と密接に関わる魅力的な緑地がしっかり保全されている。大人も子どもも頻繁に野山へ出かけてハイキングやクロスカントリースキーを楽しむ。山小屋での同僚の息子さんの誕生パーティに参加した時は、猛烈な暴風にも拘らずオリエンテーリングや岩山登山を子どもたちと楽しんだ。

ここでは成長や繁栄をむやみに誇示する価値観はない。

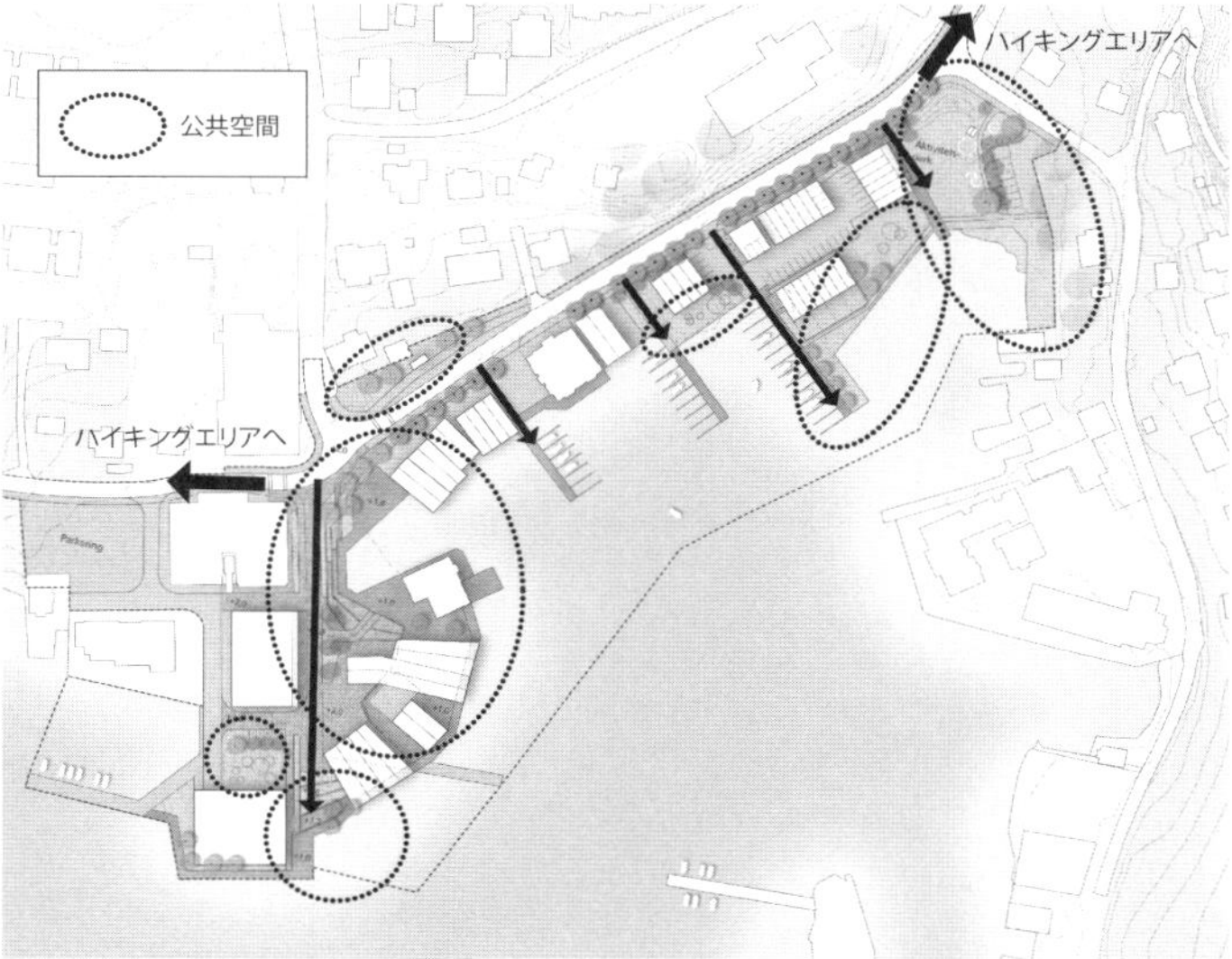

スタバンゲル近郊の島、ヴィーゲヴォーグの小さな中心市街のマスタープラン。敷地の両サイドには、ヴァイキング時代の遺構が点在するハイキングエリアが広がる。こうした環境と連続したかたちで、水辺の公共空間のネットワークづくりを試みている

そして高い税金は生活の質にきちんと反映されている。高福祉、合理的な社会システム、それをどんどん変えていける民主的な手続き、家族サービスの時間、ワーク・ライフバランス、豊かな自然、綺麗な水と空気、山小屋別荘にこもって過ごす長期休暇、自家用ヨットでのフィヨルドクルーズ、男女平等、義務化されている男性の育児休暇、子どもの病気時のための別枠有給休暇、地域の都市・産業・環境・コミュニティと共に計画される小水力発電プロジェクト。これらはノルウェーで感銘を受けた物事だ。幸せとは何か、常に価値観を問い直されている気がする。

大規模合併——世界規模の環境エンジニアリング会社へ

14年末、全社一斉生中継で、コペンハーゲン本社から大規模な合併の発表があった。相手はアメリカを拠点とし、アメリカや西ヨーロッパ、アジアなど、世界各地で大企業や政府向けに環境戦略のコンサルタントを手がけ

るエンヴァイロン（ＥＮＶＩＲＯＮ）という会社だ。ランボルが物理的な建設やエンジニアリング集団であるのに対し、エンヴァイロンは持続可能なパフォーマンス実現や法令順守のための、ビジネスや政策のコンサルティングを手がける。互いの得意分野を活かし、互いの国や地域のネットワークも活かす形で、「環境」をキーワードに国際的な存在感を高めるのが狙いだ。従来どおり各地域に根差したビジネスを続ける一方、オフィス間の交流を促して、既存の業種フレームを超えた展開を模索する。たとえばランボルグループの一員で、世界的なランドスケープアーキテクトであるドライザイテルや、本社でコペンハーゲン市の持続可能な治水システムを手がける水のスペシャリスト、クリスチャンらに協力してもらう計画もある。ノルウェーや欧州では、ポジションに拘わらず考えを共有できれば、多くの人が非常に力強く協力してくれる。こうした協力関係のなかでできることを今後もっと模索したい。

日本ならではの持続的なデザインを実現したい

世界各地を転々としながらランドスケープの仕事をし、仕事や生活を通じて都市と環境について考えてきた。ひとつの場所で経験や知識をじっくり身につけることができなかった不満がある半面、さまざまな国に住み、旅して、あらためて日本の風土と文化の素晴らしさを実感している。そして日本にこそ、持続的な考えに基づいた新たな都市デザインやランドスケープがもっと必要だと思う。あとどのくらい海外に住むかわからないが、日本で日本ならではの持続的なデザインを実現することが、私の夢だ。歴史を振り返ると、美しい風土が人々の豊かな精神性を生み、豊かな精神性によって美しい風土を愛でる、という相互作用のなかで、日本ならではの風土と文化が持続的に醸成されてきた。現代はどうだろう？　現代の文脈のなかで、こうした相互作用を受け継ぐ方法を模索したい。世界に誇れるポテンシャルが、まだまだたくさんあると確信している。

環境のキュレーション——見えない流れを可視化する

–San Francisco, Seattle, U.S.A
Überlingen, Germany

福岡孝則
Kobe University / Fd Landscape

目に見えない水の動きを可視化する
(©Atelier Dreiseitl)

12年間、7カ国、15都市

僕はランドスケープ・アーキテクトで「環境をキュレーション」するのが仕事だ。今日までに、アメリカとドイツの三つの事務所で北米、ヨーロッパ、中東、アジアなど7カ国15都市のプロジェクトに携わり、約12年間海外で暮らした。現在は神戸を拠点に活動している。思い返すと、あっという間の12年間だった。海外に出たからといって、特別なプログラムが用意されているわけではない。時間と場所を最大限に活かし自分自身をどれだけ磨けるか、ということに気がつくまでに随分時間が掛かった。ひとつの道を進むとやがてその先に進むべき光が見えてくる。

辻堂の庭

藤沢市辻堂という海岸まで2kmほどの夏の家で僕は育った。辻堂は小さい町で、自宅から、黒松の林やイチゴ畑などが点在するなかを歩くとそこは海。夏はサーフィンや海水浴で混雑するが、冬の透き通った海も美しいところだ。小さい時から、とにかく庭でたくさん遊んだ。人生で必要なものはすべて庭で学んだと言ってもいい。畑で季節の野菜を育て、鶏、鳥類、兎、魚、蝶など生き物もたくさん育てた。砂の塊を動かし、水を流しながら遊ぶことが大好きだった。

家の隣に住む祖母はピアノを教える音楽家だった。音楽に情熱を注ぐ一方で、植物をたくさん育てていた。種苗園などで購入した椿や芙蓉、百日紅などを庭に植え付け、花が咲くと植物画を描く。配植に関しては適当だった。植えたり、別の場所に植え替えたり。しかし、そこにはコンセプトがあり、祖母好みの状況を創り出そうとしていたらしい。「ウィーンの森のように花木の背後に森を感じるように」といって写真や絵を見せてくれた。私は感覚的に、庭というものは生きている実験場のようなもので、常に多様なものが変化しながら混在し続けていること、人間の手の入り具合によって自然は形を変えること、そして1本の木が夏に濃い影を落としたり、葉の色を赤くしたりすることで屋外に場所ができることを学んだ。

辻堂の庭で多くを学んだ

ランドスケープへの第一歩

そんな我が家のトイレの壁には「自ら考え、自ら判断し、自ら行動する」というモットーを書いた紙が貼ってあり、基本的に自分で決めて責任を取るという教育方針だった。高校から大学へ進路を決める時、漠然と屋外環境のデザインがしたいと考え、農学部の造園学科へ推薦入学を決めた。自分で決めたはずの道だったが、ランドスケープという言葉さえ耳慣れない時代に何になれるのかわからず、友達にもうまく説明できず大いに悩む。悩みながらも、当時憧れていた雑誌編集者のアルバイトを通して道が少し見えてきた。昼間は建築家やデザイナーの取材をし、夜真っ暗になってから自分の作業をするハードワークのなかで、世界で活躍するデザイナーの仕事や哲学から大いに刺激を受けた。そこから、海外で本格的にランドスケープデザインを学びたいという気持ちが沸き起こった。

ペンシルバニア大学芸術系大学院時代の作品と講評会の様子

セカンド・チャンス

２０００年、留学先のペンシルバニア大芸術系大学院ではジェームズ・コーナー[*1]が学科長として辣腕を奮っており、プロセスや変化のデザインの統合、新しいランドスケープへのアプローチが模索される実験場だった。新しいエコロジーから世界中の敷地を対象にしたデザイン演習まで自分のセカンド・チャンスへの挑戦が始まる。

大学院在学中に、ディアナ・バルモリ[*2]の事務所でひと夏のインターンシップを経験する。ＮＹの建築ギャラリーで後に展示されることになったジャマイカ湾岸のアーバーン環境共生住宅地などを担当した。バルモリは、インターンの僕にまるで一人前のように仕事を与えてくれた。厳格で繊細な人だったが、その期待に応えるのが楽しく、春学期になってからもコンペのグラフィックの仕事の依頼など、彼女からの仕事が続いたのはうれしかった。

修士3年生の時には大学院全体で2人に与えられる研究旅行のための奨学金を受賞した。それを使ってひと夏のあいだ、ヨーロッパ中のポストインダストリアル・ランドスケープ（工業跡地）のケース・スタディを行った。ルール地域の工場跡地再生やベルリンの廃線跡の公園などから、時間の操作、柔らかく変化する植物や水と固い人工物との関係、まちの中で自然と持続するパブリックスペースの強さなど、ヨーロッパの状況を経験したことで、「世界で仕事をしたい」という気持ちが強くなる。決意を固めて、ヨーロッパとアメリカで就職活動をし、全米で大規模プロジェクトを手がけるサンフランシスコの事務所、ハーグリーブス・アソシエイツから内定をもらった。こうして、ピンと張り詰めた緊張感のある東海岸から、時間がゆったり流れ、人の優しさに包まれた西海岸に移り住み生活を始めることになる。

奨学金を受賞してヨーロッパ中のポストインダストリアル・ランドスケープの現場を見て回る

大規模事務所の厳しい現実——サンフランシスコ

サンフランシスコ本社はポトレロ・ヒルという市の中心部から少し離れた小高い丘の中腹にあり、倉庫を改造した明るくて、白い大スタジオ空間だった。世界的に著名な事務所に勤めているのは誇らしかったが、現実はとても厳しいものだった。

2003年に入社してすぐ、ワシントン州郊外の汚水処理場ランドスケープ担当になった。二つの高速道路に挟まれた産業跡地にシアトルで最大級の汚水処理場を計画するもので、汚水処理場の前景に造形的なランドフォ

汚水処理場ランドスケープのプレゼン模型を担当した（©Hargreaves Associates）

ーム、水循環や生態プロセスを取り入れたデザインだった。設計図面の量が膨大で10人以上で分担したが、日本のように「1人が皆のために」というチームではなく、誰が一番優れたデザインをし、目立つ成果を上げるかという競争に常に晒されていた。新入所員の僕はデザイナーとして馬車馬のように一心に働く。3畳分くらいの大きさのプレゼン模型を1人でつくるなど小さな責任のある仕事はもらえたが、なかなか自分がやりたいと思う仕事が回ってこなかった。

今思い返すと、辛くて苦い思い出ばかりだ。初めて任せてもらった実施設計図書がコメントで真っ赤になって返ってきた時の怒りに満ちたボスの顔、人間関係がうまくいかずに社内でチーム替えをしたり、仕事が累積するのに断れなかったりと数えきれない。ここでは地形の造成・排水技術、コンセプトから実施設計までの一連の仕事の流れを経験し、オープンエンドな大規模プロジェクトの面白さと、詳細が粗くなれば空間の設計が甘くなる

A邸のジオメトリーの最終形。今にも動き出すような力強い水平線を骨格としたランドフォームの造形を心と体で覚えた（©Gustafson Guthrie Nichol Ltd.）

ということも課題として学んだ。早く1人で実施設計から施工管理までこなしたいと頑張るものの、知識も技術も未熟だった僕は失敗ばかり。それでも、サンフランシスコでの生活は楽しかった。僕が住んでいた丘にはいつも海からの風が吹き、時々まち全体が霧に包まれて信じられないほど美しかった。

想像力を喚起する場所のデザイン——シアトル

柔らかく有機的な形態、繊細で精緻なディテール、感動的な空間。キャサリン・グスタフソン[*3]のことを初めて知ったのは、留学する前に大学のうす暗い図書館で見た作品集[*4]だった。建築を包み込む、1枚の布のドレープでできたようなランドフォームの上に座っている女性の写真。彼女がファッションデザイン出身で、フランスで活躍してきたランドスケープ・アーキテクトだと知る。アメリカにグスタフソン・ガスリー・ニコル（以下GGN[*5]）という事務所が設立されたのを知り、ポートフォリオと手紙を送り続けて、面接をしてもらっていた。2006年のある日、「新しいプロジェクトが始まるので年明けから来られますか?」という電話がかかってきた。慌ててオファーを受け、安い手持ちの家具はほとんど売って、トランク二つでシアトルへ引越した。

約4年間のGGN事務所での鍛錬で、世界で最上級のランドスケープの構想段階から実施設計、施工監理までの一連のプロセスを頭と心と身体に刻み込むことができた。A邸という美術収集家自邸のデザインでは、丘の頂部に立つ家を包み込むように、今にも動き出すような力強い水平線のジオメトリーを骨格に黒・砂色・白の3種類の石材を使った細長いプール、芝生のテラス、白い御影石の上を水が流れる水景施設をテラス状に配した。敷地最低部に流れるワニのいる亜熱帯性の川までの傾斜地にエレメンツをおさめ、かつ流れるような形態を保つデザインに挑戦した。通常の敷地造成や排水計画図には決して表れない微細な形態を磨き上げるために粘土模型、断面図や造成図で繰り返してスタディし、特にジオメトリーに関しては事務所の壁一面にプロットして、1本の線の持つ意味を徹底的に考え抜いた。プロジェクトを統括していたキャサリン・グスタフソンは今でも世界で最も優れたデザイナーの1人だと思う。全身全霊でスタディし尽くしたデザインの成果を彼女にぶつけると、彼女は自分が想像できなかったレベルへデザインのギアを引き上げる。経験からくるデザイン力、技術的な知識量は圧倒的だった。GGNに入ってから自分のなかでデザインへの姿勢も変わる。デザインを考え抜き、課題に向き合い、形態に結びつけ

レンゾ・ピアノと協働した〈シカゴ美術館〉の現代美術棟の中庭(©Gustafson Guthrie Nichol Ltd.)

シアトル市中心部歩行者空間と壁のリノベーション。公共空間に鏡と垂直の緑を提案。都市計画局や道路交通局との調整が困難を極めた（©Chris Thomas）

る。真剣に自分に向き合い、地面を掘り下げ、結晶をつくる作業に没頭できたのは幸せな時間だった。「目に見えない繊細なものを形にする」ためには通常以上の詳細な情報を図面化する必要があり、ほとんどのプロジェクトが特別仕様で、資金力があり美術やデザインに造詣の深く理解のある施主に支えられていた。

そのほかレンゾ・ピアノと協働の〈シカゴ美術館〉現代美術棟の中庭の実施設計から施工監理、〈シアトル市中心部の歩行者空間のリノベーション〉〈ビル・ゲイツ邸〉など小さいスケールのプロジェクトを担当した。GGNでは、土地の骨格の上に繊細で表情豊かなランドフォーム、水景、素材のテクスチャーや色を重ねあわせることで魔法のような場所を創造するためのクラフツマンシップを学んだ。つくり出される空間は精緻なディテールで構成され、利用者の身体のポジショニングまで考え抜かれていて機能的だが、同時に詩的な性質を持ち、常に変化を続け、多くの発見や喜びが埋め込まれていた。

水から発想するサステイナブルなデザイン――ユーバーリンゲン

「水は媒介となってすべてをつなげる力がある」と、いつもハーバート・ドライザイテル[*6]は言っていた。ドイツの最南端、オーストリアとスイスとの国境にあるドイツ最大の湖、ボーデン湖畔の小さな町ユーバーリンゲンに2009年から約3年暮らし、アトリエ・ドライザイテル（以下AD）[*7]という水に特化したランドスケープ・都市デザイン事務所で働いた。「水から発想する」をコンセプトに雨水を活用した水景施設や子どもの水の遊び場、公園や広場の水を使ったパブリックスペース、河川や水と緑のインフラ計画、サステイナブルな都市デザインまで、南ドイツ湖畔の小さな町を基点に世界中で新しい領域のサステイナブルな環境デザインに取り組んでいた。

町の中心の教会からボーデン湖をのぞむ
（©Atelier Dreiseitl）

プロジェクト・マネジャーとして最初に担当したのは、アラブ首長国連邦・アブダビ3大美術館のひとつ、〈Zayed 国立美術館〉の実施設計。建築家はイギリスのフォスター・アンド・パートナーズ（以下F＋P）[*8]で、その後も多くのプロジェクトで協働した。美術館の特徴は、砂漠の真ん中に運河に囲まれた人工的な島をつくり、建築はすべて地中に埋めて、隼の羽をモチーフにした構造体だけが緑の山から空高く突き出しているというものだった。ランドスケープはこの建築を緑の地面で人工的に被覆する、非常に複雑な屋上緑化プロジェクトだ。建築が動くとランドスケープも影響を受け、造成・排水から構造物の位置まで変わるため、創造的な調整力が問われた。常に先回りしてランドスケープと建築がベストに調和した状態を議論・共有し、建築

アトリエ・ドライザイテル事務所の様子。窓を開けると、テラスからは一面に広がる青い湖が見える（©Atelier Dreiseitl）

の配置、開口部や光庭の位置まで、知識と技術を総動員して取り組んだ。デザイン監督、プロマネ、環境エンジニア、ビジュアル担当などを抱える、オペラの交響楽団のような巨大建築チームと、粘り強く、対等に議論しながらデザインを仕上げ、信頼関係を勝ち取ると調整もしだいにスムースになった。過去に著名な建築家と協働するなかで学んだ調整スキルも役立った。建築家はなんでも自分の思いどおりにデザインし、屋外空間であっても100%制御したがる。ファサードにかかる木は一切ダメとか、屋外空間の構成にまで、知識がないのに無理難題を強いてくることが多い。F＋Pの優秀な建築家は、納得さえすれば新しいアイデアや技術にはオープンで協働しながらプロジェクトを仕上げていく、その一体感は心地よかった。

中東のローカルな環境に適応したデザインを実現するために、F＋Pは空中に突出した構造体を特殊コーティングし、夜間と日中の寒暖差を利用して空気中から水分を集めるシステムを開発、環境シミュレーションや3Dを最大限に活用した効率的なデザインを進めていた。AD側は循環水を利用した灌水システムや人工的な構造物上の斜面地への植栽システムの開発を行う。ADには1：1モックアップや模型製作スペシャリストがいる。水を流しながら実験して考え、社内のデザイン・センスのある水のエンジニアと環境システムも構想段階から行えるのも強みだった。チューリッヒ空港からロンドンに日帰りで飛び、中国やシンガポール事務所のスタッフも総指揮しながら、時差を利用した24時間稼働体制で実施設計フェーズを乗り切った。

アブダビの〈Zayed 国立美術館〉の完成イメージ。砂漠に緑の山を人工的に創出するために技術的な課題も山積みだった（©Foster＋Partners）

アジアのサステイナブル・シティをつくる

ADではヨーロッパのプロジェクトの動きが遅く、アジアが主戦場になった。北京ではF＋Pと大きい街区の複合開発をマスタープランから実施設計まで担当し、天津では240haの都市・ランドスケープ・マスタープランを、上海のチョンミン島ではドイツの建築と環境コンサル連合でエコ・ビレッジの仕事をした。中国の仕事は基本的には北京事務所との協働で、スカイプやテレビ会議とメールでチームとコミュニケーションを取り、プレゼンや締め切り前の追い込み時期には中国に1カ月ほど滞在して、ピークを過ぎるとまたドイツへ戻るということを繰り返した。ADでは今までの10～100倍のスケールの敷地を取り扱うことになり、都市の構想段階、上流で仕事に入りアジアにおけるサステイナブル・シティのあり方を提案するという面白さに取りつかれた。事務所にはアジアから市長

級の客が訪ねてきて、川を3本頼むとか、洪水被害がひどいので流域圏全体の計画をつくってくれ、などという依頼が多かった。将来のクライアントにはプロジェクトを実際に体験してもらい、湖を船で1周し、湖を眺めながら食事をとるなど、自分たちの水と向きあう生活からの価値観を共有し、仕事の契約も決めていた。

ADでの最後の仕事が、オーストラリア・パース市リバーフロント再開発のマスタープランだ。建築のF+Pより先にAD側から水のパブリックスペースを中心にした建築のボリュームと配置、新しい都市形態に関する提案をした。屋外の自然水プールや人工湿地による水の浄化システムなど、水循環に配慮した都市デザインの進化版を提案した。都市スケールの仕事は多分野のチームで編成される。

事務所では水のワークショップや実験を行う。水の流れ方や特性をつかむために事務所の内外で行った（©Atelier Dreiseitl）

オーストラリア・パース市のリバーフロント再開発マスタープラン。フォスター事務所と協働で水のパブリックスペースを核とした都市を提案した（©Foster+Partners）

プロジェクトにはパブリックスペースのコンサルタントや微生物を使った水浄化のコンサルタントもいた。ドイツを拠点に実務を行うもうひとつの醍醐味は、環境エンジニア、コンサルタントとの協働だ。クライメイト・エンジニアのTRANSSOLAR[*9]をはじめとして、土、植物、水、エネルギーなどサステイナブルな環境デザインを実践するための高いコンサル力と技術力を持った人たちとの仕事から学ぶことは多く、感動的だった。

小さな町の忙しい生活

18歳になると町を出て、60歳になると戻って来ると言われる高齢化の進む町の暮らしは不便だった。電車も少ないしお店やレストランもない。日曜日にはスーパーも閉まっている。そんな小さい町の暮らしは人とのつながりが深く社交が最高に忙しかった。「日曜日の朝に教会前の市場で集合!」と言われると待ちあわせできる。午前中に有機野菜やチーズや焼き立てのパンを買って、誰かの家に行って料理をし、ワインを開けて気がつくと空には星が出ている、ということもよくあった。長い歴史に醸成された湖畔の町は、石や木でできた建物以上にその間の庭や石畳の道が美しかった。夏は昼休みに湖で泳ぐ。湖底まで透き通った水は太陽光を受ける表層が暖かく、水が層状になっていることを感じられる。水部門のディレクターとよく1時間ほど泳いで日光浴をした。打ち合わせに来るコンサルタントとも、真面目に会議をした後に湖畔でBBQをした。このドイツの小さな湖畔の町に暮らすことで、クオリティ・オブ・ライフについて深く考えるようになった。

春先のある日。湖が一望できる丘のリンゴの木の下でピクニック(©Nora Menzel)

環境のキュレーションを目指して

パースのプロジェクトの直後、東日本大震災が起きる。夜中に受けたアメリカの友人からの電話で目が覚めた。飛び起きてテレビをつけると信じられない映像が目に入ってきた。その日から、海外で仕事をすることの可能性と引き換えに、自分のルーツである日本のために働きたいという気持ちが強く芽生え始めた。いつか、ではなく今だと思った。

12年5月に帰国、神戸での生活を始め、大学に在籍する一方で実務もスタートさせた。

帰国して3年経った5月、暖かい休日に、約1年掛けて取り組んできた東京でのプロジェクト、〈コートヤード HIROO〉がオープンした。築45年の建築とアスファルトの駐車場のリノベーションが完了し、オープニングに色鮮やかに装った人たちが数百人も訪れた。

大きい桜の木の下でヨガをしている人たち、濃い木の影が落ちる芝生の上で、ただ楽しそうに友人たちと座っているグループ、タンクトップ1枚で汗ばみながらヨガをするスタッフ。この大きな青い空の下では、緑の芝生や砂色の御影石の地面の上で、人も、ランドスケープもたくさんのものが自立的に動き、混じりあって魅力的だ。敷地を心地よい風が吹き抜ける。たくさんの歓声が聞こえる。誰が何を話しているのか聞き耳を立てる。ここだけ時間がゆったりと流れている。あともう少しこのまま眺めていよう。

〈注〉

＊1　ジェームズ・コーナー：アメリカのランドスケープ・アーキテクト。NYの高架をリノベーションしたハイラインをデザインしたJames Corner Field Operations の代表。ペンシルバニア大学芸術系大学院ランドスケープ学科教授。

＊2　ティアナ・バルモリ：アルゼンチン出身のランドスケープ・都市デザイナー。NYを拠点にしたBalmori Associates 代表。イェール大学建築学部・環境学部でも教鞭を取る。

（次頁）官舎跡と駐車場をオフィス、住居、屋外のヨガ・フィットネススペースなどにリノベーションした

〈コートヤード HIROO〉リノベーション前の築45年の官舎と駐車場

＊3　キャサリン・グスタフソン：アメリカを代表するランドスケープ・アーキテクトの1人。NYのファッション工科大学、フランスのヴェルサイユ国立造園学校で学んだ後、イギリスにGustafson Porterを設立、その後アメリカでもGustafson Guthrie Nicholを設立し、世界中でプロジェクトに取り組む。代表作品にダイアナ妃メモリアルなど。２０１４年度大林賞を受賞。

＊4　グスタフソンの作品集：Kathryn Gustafson, *Sculpting the Land*, Leah Levy, Spacemaker Press

＊5　GGN：キャサリン・グスタフソン、ジェニファー・ガスリー、シャノン・ニコルの3人のパートナーによって設立されたアメリカを代表するランドスケープ事務所。

＊6　ハーバート・ドライザイテル：ドイツのランドスケープ・アーキテクトおよびアーティスト。盲学校の美術教師として水の彫刻を始め、その後持続的雨水管理を核とした計画や水に関するあらゆるデザインに30年以上に渡り取り組む。アトリエ・ドライザイテルの創始者。シンガポール国立大学客員准教授

＊7　AD：ドイツのユーバーリンゲンを拠点とし、北京・中東・シンガポールに事務所を展開する水を核としたサステイナブルな環境デザイン事務所。現代表はディーター・グラウおよびゲルハルト・ハウバー。代表作にベルリンのポツダム再開発、ロンドンのマクラーレン研究所、シンガポールのビシャンパークなど。

＊8　F＋P：イギリスのロンドンを拠点した世界的な建築デザイン事務所。創始者のノーマンフォスター卿は１９９９年にプリツカー賞を受賞している。代表作に香港上海銀行、ドイツ・フランクフルトのコメルツバンク、ロンドンのリ・スイス本社、北京国際空港ターミナルなど。

＊9　TRANSSOLAR：ドイツとアメリカを拠点にクライメイト・エンジニアリングのコンサルティングを行う、世界的な環境エンジニアリング事務所。

急成長の熱帯都市をつくる——アジア流アプローチ

–Singapore

遠藤賢也

Atelier Dreiseitl asia

シンガポール屈指の巨大公園〈ビシャン・パーク〉

シンガポールの朝

赤道の1度上に位置するシンガポールは真冬でも30℃を超える。クリスマス間近だというのに、25分の電車・徒歩通勤の途上で汗をかき始めるくらいだ。オフィスはエアコンのおかげですごく涼しい。パンにチーズとハムを挟んだものと、ヨーグルトを食べながらパソコンを起動する。それが毎日のスタートだ。10時ごろようやくスタッフ全員が揃う。僕の隣はデンマーク人とインド人、後ろはシンガポール人、手前はベトナム人。バックグラウンドがさまざまな25人ほどのスタッフが、思い思いの調子でそれぞれの朝を迎える。

留学とインターン

アメリカで3年の留学生活、オランダで半年のインターンを経て、シンガポールにたどり着いた。それからすでに2年になるが、決してプランどおりに来たわけではない。

本格的にランドスケープデザインの勉強をしたいと思い立ったのは大学の農学部時代、3年の終わり。多くの学生がそうであるように、それまで将来への明確なビジョンもないまま〝緑地環境学〟という聞こえのいい専修に在籍していた。漠然と環境問題や自然環境を改善する仕事が向いているのではないか、と思っていた矢先、不覚にもランドスケープデザイン設計演習という、たまたまあった科目に熱中してしまった。○か×か、きっちりと正否が二分される学問のあり方とは異なる、融通無碍な空間デザインの分野に魅了されていく自分に気づいた。もっとも、中学の美術の成績は5段階で3、スケッチの下手さはいまだに解消されていない。

アトリエ・ドライザイテル・アジアのオフィス。もともと倉庫だったフロアを改修した

そこからアメリカへの留学は自然な流れだったように思う。東大時代に培った論文ベースの環境から抜け出して、研究で得たアイデアや知見をいかに実際の空間へと落とし込むか、そのプロセスを学びたいと思い、ハーバード大学デザインスクールの門をたたいた。

留学時、さらに大きな転機となったのが、1年間休学してシンガポールとオランダで半年ずつインターンを経験したことだ。その時受け入れてくれた事務所が、現在所属するアトリエ・ドライザイテル（Atelier Dreiseitl）のシンガポールオフィスと、オランダ・ロッテルダムに拠点を置くWEST8[*1]であった。前者は水、後者はアーバンデザインと、どちらもランドスケープデザインの範疇を超えた特化した強みを持っていた。

ドライザイテル社では、公式オープン間近の〈ビシャンパーク〉の維持・管理計画書の策定を1人で任された。62haにおよぶシンガポール屈指の巨大公園だ。ディレクターのレオナードには、〝誰も書いたことがないから、まずは好きにやってみてくれ。その代わりコンセプトの立案から植生計画、水系システムのすべてをしっかり理解するように〟と言われ、かくして3年半におよぶ計画プロセスを一からおさらいする日々を過ごした。当時オフィスではインターン生の受け入れが始まったばかりであったため、僕自身の行動にも融通が利き、緑溝（植物や石など自然素材を用いた排水溝）のモックアップや植物ビオトープ（植物と土壌微生物による水の循環および浄化システム）の水系システムテスト時など、オンサイトで勉強できる機会を見つけては同行させてもらった。インターン生も正規スタッフ同様に多くの役割を任せてくれるうえ、発言する機会も多い。その点はオランダのWEST8でも同じで、責任と仕事量の多さ故に苦労したことは言うまでもない。

シンガポールへ

3年間のアメリカ生活の後、ドライザイテル事務所のシンガポールオフィスに就職。そもそもインターンを始めたきっかけは代表のハーバート・ドライザイテル(Herbert Dreiseitl)が同時期にデザインスクールの客員フェローとして在籍しており、彼の考え方に強く共感したからだった。ランドスケープ・アーキテクトである一方、アーティスト、アーバンプランナーでもある彼のレクチャーを初めて聞いた時、プレゼンテーションは手描きのドローイングが主体で、決して恰好良いものではなかったが、スケールの大きさに圧倒された。たとえばシンガポールで２００６年に開始されたABC Water Program は、コンクリート3面張りの直線護岸の水路網を

見直し、地域分散型の貯水・浄化システムへと転換し、親水性の高い空間づくりを目指すコンセプトであるが、彼の理念が根底にある。インターンで担当した〈ビシャンパーク〉もその旗艦プロジェクトとして位置づけられていた。そのようなシンガポール島全域の雨水排水の仕組みを根底から覆す水のマスタープランのコンセプトを聞いて衝撃を受け、将来、自分も都市を俯瞰的に分析し、新しいシステムを提案できるようになりたいと強く思った。

インターンをしたい旨をバーで飲みながらハーバート本人に伝えるのはごく簡単なことで、そこからすべてが始まった。正直、最初はシンガポールという都市国家になんの理解も思い入れもなかったが、半年間のインターンで具体的な仕事や職場の雰囲気を経験するうちに、本気で働く価値のある場所だと思うようになった。20人規模の小さい事務所であるからこそ、多くのことを自らこなす必要があるが、オフィスの規模の割に、シンガポール国内外のダイナミックで革新的なプロジェクトに携われる。また、成長真っただ中の東南アジアのハブとして、情報や教育の中心であることがこの国の大きな魅力であった。そして、自分がオフィスやディレクターに必要とされていることが伝わってきたのが、何よりの決め手だった。シンガポールへ渡る前、〝ケンヤが戻って来てくれることをレオナードがうれしそうに心待ちにしているよ〟というFacebookメッセージを現地の同僚が送ってくれていた。

ドライザイテル社インターン時代。〈ジュロン・エコガーデン〉での緑溝の施工現場。ドイツ本社から来た経験豊かなスタッフが指揮する（上）
WEST8インターン時代。アルバニアの首都ティラナ市のアーバンデザインコンペ模型製作（下）

空回りのスタート

最初に担当した仕事は、マレーシアのジョホールバルにある島（約45 ha）の開発プロジェクトで、「イスカンダル開発計画」の一部である。シンガポールとマレーシア政府の双方が共同で取り組む10兆円規模の都市開発プロジェクトで、最も開発に沸いている地域のひとつだ。主な任務は島全体の緑と水のマスタープラン、そして島内の一角にあるショウルーム（約2ha）のランドスケープ設計であった。もう1人のディレクター、ドイツ人のトビアスから事前に忠告されたように、プロジェクトは猛スピードで展開した。急ピッチでデザイン構想を練り上げ、同時にディテールまで突き詰めていく作業に最初はものすごく戸惑った。通常、マスタープランはコンセプトステージから基本設計、ディテールデザインへと段階を踏んで進捗するが、あまりに急ピッチでそのステージが交錯したり、境界が不明確だったりする。しかも不確定要素が多いなかでも問答無用に締め切りが迫ってくる。右も左もわからないころは、ひたすら完璧にやらなくてはと空回る自分を尻目に、プロジェクトマネジャーからはお決まりのシングリッシュ、It's Ok-lah（語尾に〝ラ〟がつく）が飛んでくる。〝そん

な細かいこと気にしなくていい〟、ということだ。確かに力を入れるところ、抜くところのメリハリを理解していないとすぐに息切れしてしまう。たとえば、コンセプトデザインの段階では空間の大まかなイメージが示せればよく、具体的なプログラムや細かい標高差はさほど重要ではない。パワーポイントの線ツールでポリゴンや矢印を描き、色をつけてハイライトする。こんなに簡単でいいのか？と最初は拍子抜けしたものだ。

　基本設計の段階になると、ようやく具体的にどんな場所にしたいか、空間体験のイメージをチーム皆で持ち寄る。その際はオフィス内外、世界中の既存プロジェクトを参照しながらプレゼンテーション資料を作成していく。この過程で、スタッフ自身の見聞がカギとなる。Pinterest や Flickr といったオンライン媒体も確か

に有用だが、やはり実際に現場で体験した空気感がある方が説得力を持つ。かつて恩師によい作品をたくさん見ろといわれたことの意味を実感している。ベンチのデザインから遊び場のレイアウトに至るまで、瞬時にアイデアを取り出せる引き出しがいくつあるかが問われる。

オフィスで大事にしているデザインのモットーを一言で表すと、とにかくNatural（自然な感じ）に、ということだと思う。レオナードもトビアスもディテールの段階になると、その一点を注視し、水面と植栽帯あるいは舗装と植栽帯の境界の扱いにいつもシビアだ。自然石を配置したり、植栽をランダムに植えることで、エッジが際立たずシームレスに周辺環境と接続するデザインを大事にしている。

マレーシア・ジョホールバル近郊の建設予定地（©Atelier Dreiseitl）

度胸が据わるまで

事務所では快く出迎えてもらったとはいえ、仕事の実際は厳しい。研修も見習いもなく、交渉の現場にまで放り込まれた1年が特に辛かった。そもそも、建設に関する専門用語、素材・熱帯植物の特性、国内建設系ガイドラインなど、ランドスケープアーキテクトとして知っていて当然のことがわからず、そのことに〝恐ろしさ〟を感じながら毎日が過ぎる。ミーティング中、質問を振られて黙りこくってしまうことも多々あり、コンサルタントとしてはあるまじき行為だが、どうにもできない。デザインに関わる問題が発生しても、クライアントと一緒に考え、解決策を提案することができない無念さも味わった。単純に経験不足でしかない。また、話すことに臆病だった時期もあった。植生デザインの説明時にうまい返しが思いつかず、モジモジしていた自分に、〝お前それでもランドスケープアーキテクトか〟とクライアントに苦笑気味に言われた時はかなりショッキングだった。話ができる、交渉ができることは大事なスキルであり、知識もさることながら、時にはハッタリをかますなど、その場その場を切り抜けるだけの話術が伴わないとやっていけないのだ。

ただ、1年以上仕事を続けるうちに、徐々に度胸が付いてくるもので、当初に比べだいぶ肝が据わってきたと感じる。シンガポール人は時にかなり率直で強引なところもあって、受け身でいると押し切られたり、仕事を押し付けられてしまう。契約の内容や、建築家・エンジニアなどの仕事の範疇を理解していないと、余計なことまでやる羽目になってしまう。苦い経験を経て、タフさや発言力は少しずつ、向上してきているつもりだ。たとえミスをしても誠意をもって対応することを繰り返すうちに、先方の見る目も徐々に変わっていったように感じた。

こうした変化は、単に仕事の場に限らず、生活の場面でも感じるもので、後々になって〝あっ、言ってみるもんだな〟と感じることは多かった。屋台のご飯が油っこかったり、辛かったりしたら、素直に思っていることを口に出してみると案外簡単に味付けを変えてくれる。これはほんの一例に過ぎないが、我慢せず、声に出してみると仕事も生活もぐんと楽になると思った。

〈ビシャンパーク〉の河川沿いの空間デザイン。水面と植栽帯の自然な接続を工夫した

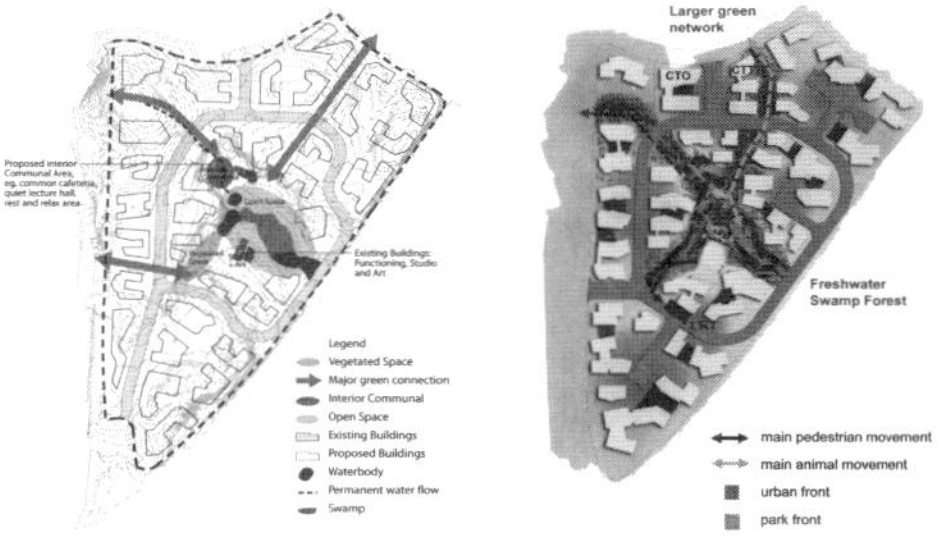

コンセプトから基本設計への進展。〈ジュロン・エコガーデン〉の例（©Atelier Dreiseitl）

ワークスタイル

そんな事務所は、世界各地から集うインターン生、大学や高専を卒業したての若いスタ

ッフがエネルギッシュな雰囲気を加え、そのうえに20代後半〜30代前半のスタッフが、プロジェクトマネジャーとしてチームを引っ張っていく。平日は専ら多忙なディレクターたちを捕まえてのデザインディスカッションやクライアントとのミーティング、水のエンジニアリングスタッフ、レンダリング専門のスタッフとの打ち合わせで1日が過ぎていく。仕事は定時9〜18時が基本であるが、スタートはのんびり、帰宅時刻はばらばらである。忙しい時期を除けば、基本的に19時台の帰宅が多い。仕事後は友人と会ったり、運動をしたりするのが大体の毎日のサイクルである。週末は基本的にオフだが、レオナードとは趣味が一致して、ロードバイクでツーリングをするのが日曜朝の習慣となっている。朝食も毎週決まった屋台でロティ・プラタ（カレーをつけるインド風ホットケーキ）を食べるのだが、リフレッシュが目的だから仕事の話は一切なし。その日の走りのできや参加したレースの話など、僕の年齢の倍近いエネルギッシュな彼とは話が尽きない。

給料については、アベノミクスの効果か近年の円安の影響で、見かけ上はどんどん上がっている。ただうれしく思う反面、物価は東京以上の感覚で、特に外国製品・食品が高い。そのため自宅でも食材を購入して料理することはあるが、ローカルなホーカー（屋台）で済ませたほうが格段に早く、しかも安いので、なかなか長続きしない。

環境エンジニアリングへの拡大

ドライザイテル社のデザインに対するアプローチは、スケールの大小にかかわらず基礎は同じで、水のマネジメント、サステイナブルなデザインを適応させるところに強みがある。そういった手法をセールスポイントとし、わかりやすいビジネスモデルがあるからこそ、他事務所との明確な差別化ができている。クライアントもその点を理解しているため、高層ビル主体のプロジェクトでも、

シンガポールのホーカーセンター

(次頁)〈ビシャンパーク〉ドライザイテル社がシンガポールで初めて手がけた大型プロジェクト(©PUB(Singapore's national water agency))

広域マスタープランでも、水とランドスケープを絡めた空間デザインを期待してくる。ドイツの他、北京、シンガポールにそれぞれオフィスがあり、巨大な都市緑地計画から公共空間、リゾート地、商業施設のランドスケープデザインへと非常に多岐にわたる。

僕もその後、入れ替わり立ち替わりで、国内外のプロジェクト5～6件を担当し、ディテールデザインから広域マスタープランニングまで異なるスケール、異なるデザイン思考を要する案件を扱ってきた。

デザインの裁量はシンガポールオフィスに与えられていて、ドイツからトップダウン式で指示されることは稀だ。ただ、クライアントや関係コンサルタントと集中的にデザインを詰めるような重要なタイミングでは、本社のシニアスタッフに応援を仰ぐ。特に、技術的な側面や水循環のシステムデザインは、より経験のあるドイツのエンジニアスタッフとスカイプミーティングを行ってアドバイスを頻繁にもらう。不確かなことは必ずドイツサ

イドと確認をとるようにと念押しされているのだ。提案するシステムが問題なく機能することも大切だが、デザイン的に譲れない場面に出くわすと、お互い納得いく妥結点を見出すまで議論を交わす。時に白熱する議論は刺激的だ。ただ一度、不安定な植物ビオトープの土壌の上に、飛び石を設置するデザイン図面を、うっかりエンジニアの確認を取らずにレオナードへ見せた時はこっぴどく怒られた。

このドライザイテル事務所も、13年からデンマークの大手環境エンジニアリング会社ランボルグループの傘下に入った。社員数1万2千名を抱えるグローバル企業だ。今後はオフィス内により多くのエンジニアリングのスタッフが常駐することになり、ランドスケープデザインの範疇を超え、環境インフラの構築をセットで提供することも可能となる。

〈ビシャンパーク〉施工前の風景（©Atelier Dreiseitl）

東南アジアで仕事をするということ

将来の見通しや日本へ戻る計画はまったくの白紙だ。日本でお世話になった先生たちにはしばらくは日本に帰ってくるなと言われているし、実際、次のステップを踏み出すには、少なくとも実務のイロハを習得し、プロジェクトが1サイクル完結する必要がある。それまでは環境を変えることはないだろう。

シンガポールをはじめ周辺地域では多くの海外事務所のプロジェクトが見られ、まだまだ開発の余地が多いことを実感する。かつてある先生に、将来スケッチを描くだけで食っていけるようなデザインの仕事はなくなる、と言われてしまったことがあったが、ここ東南アジアでは、そういう需要は山ほどあるように感じてならない。シンガポールは、インドネシアやマレーシアといった国々に対して

恐怖に近い執念があり、観光やビジネスにおける優位性を確立することに必死だ。一方でそういった周辺大国は、シンガポールでのプロジェクトを参考にし、豊富な資源、土地、人口を背後に追い付け追い越せの覚悟で開発を推進している。すなわち相乗効果で東南アジア地域の経済、開発を後押ししている。そんな地域で仕事を始めてしまった以上、もう少し東南アジア地域一帯の都市、文化・風土をよく知りたいと思うようになってきた。東南アジアの各都市は急速な開発のあおりを受け、多くの問題を抱えながら発展してきている。都市水害・衛生問題・インフラ不足・スプロールなど、欧米流トップダウン式のプランニングでは決して解決できない複雑な社会問題を背後に抱えている。

　もしも〝ランドスケープ的視点〟があるとすると、それはきっと地域の自然環境と、それと共に営まれてきた人々の生活・文化・習慣の関係性をしっかりと理解する視点であり、そこにこそ僕がこの職能を好きになった所以がある。アジア各地域には、一般には熟知されていないいわゆる〝サステイナブル〟なシステムが多くある。日本に里山のような人と自然の相互依存のシステムがあるように、たとえばインドネシアのアグロフォレストリー[*2]やフィリピンのムヨン[*3]、インドの東カルカッタ湿地[*4]は、自然と人とが長期間、関わり合いながら形成してきたものだ。そういう繊細だが持続可能なシステムを理解することこそ、ランドスケープアーキテクトに求められているように感じる。またそういう視点こそ、アジア流の都市デザイン、ランドスケープデザインの原点であるべきだと、偶然たどり着いたこの地で思っている。

インドネシア・ジャカルタ市内。人々はひどく汚れた河川のすぐ間近で生活する（上）
フィリピン北部バナウェの棚田群と背後の二次林（下）

〈注〉

＊1：ランドスケープアーキテクト、アーバンデザイナー、建築家を中心とした設計事務所。代表作に Toronto Central Waterfront, Madrid Rio などがある。

＊2：樹木栽培、果樹、畑作、家畜の飼育など、同じ敷地内で複数の農作物を組み合わせる農業形態。

＊3：集落近郊の主に斜面地の二次林を指し、生活・生業を支える薪炭・材木・食料の供給源として長らく機能している。

＊4：カルカッタ市街地由来の下水が流れ込む湿地帯で、汚水は湿性植物による浄化を経て、養殖業や農業に利用される。

都市計画に踏み込む建築—ダッチ・アーバニズムの先

–Rotterdam, the Netherlands

小笠原伸樹
Nikken Sekkei LTD

OMAのインターン時代に関わった〈デ・ロッテルダム〉

東京での1日

オランダ・ロッテルダムでの生活を終え、大学院から日本を出て9年ぶりに東京に帰ってきた。それから間もなく1年、現在は日建設計の設計部で働いている、平日は9時ごろから20〜24時ごろまで会社、22時ごろまでには仕事が終われば、その後は終電まで開いている会員制の図書館や電車の中で、建築士試験の対策をすることが多い。すっかり日本のサラリーマンだ。

オランダで２００８年からの6年を過ごした設計事務所マックスワン（Maxwan）では、自治体のための都市計画と、デベロッパーのための開発計画を中心に手がけた。オランダの計画系の仕事は、通りや広場、建物の高さなどの一般的な基準に限らず、タイポロジーや素材感まで決めるため、住環境を総合的に考えることができる。
一方、帰国した今も、都市計画の仕事を担当しているが、こちらはオランダと異なり、申請業務がメインで、法律や条例との照らし合わせが作業の中心だ。各自治体に裁量権が与えられ、アイデアを中心に決まっていくオランダの都市制度と比較すると、日本の都市制度は解釈についての確認や細かい修正があり、緑地に関しても似たような条例をそれぞれの基準で計算するなど、手間が掛かる。数値や技術的な基準が示されている分、オランダよりも明瞭だが、それがよりよい都市経験にまでつながっているのか、正直、分からない。これから日本の制度や仕事の進め方にも慣れれば課題や面白さももっと見えてくるだろうと考えながら、仕事に励む日々が続いている。

現在勤務する日建設計東京ビル。プロジェクトに応じて座席や建物を移りながら仕事を進めている

ＯＭＡ——現実的要求をデザインに活かす事務所

オランダで働くことになった契機は、アメリカでの大学院生時代にロッテルダムの設計事務所ＯＭＡ（オーエムエー）で3カ月間インターンしたことだった。

もともと、建築を多様な視点で考えたいという好奇心からアメリカに留学していたが、在学中でも西欧の建築は教材として参照され、その提案には感心することが多かった。そのなかでもオランダには、床面積や用途などの建物の現実的な要求をデザインに活かす建築家が多く興味を持っていた。ＯＭＡはその代表格だ。07年、景気のいい時期で活気があった。

短期のインターンとはいえ、3カ月間でメキシコの超高層ビルの基本設計と、デ・ロッテルダムのプレゼンテーション模型をほぼ仕上げた。基本設計は限られた時間のなかで検討を重ねるため労働時間は週１００時間におよんだが、この時の経験でチームでの設計が好きになった。10人ほどの設計チームの各々が機会を見つけてはアイデアを出し、案を充実させていく過程は1人で設計するよりずっと複雑で面白い。大きな方向性は所長のレム・コールハースをはじめとする役員の意見で決まるが、所員の意見を聞くこともあって、たとえば、プロジェクトのデスクにレムがやってきて、メキシコの超高層の展望台の張り出し方についてインターンも含めてチーム一人ひとりに意見を聞いて回っていたこともあった。

模型をつくった後、7年を経て2014年に竣工したOMAのデ・ロッテルダム

ロッテルダムは住みやすい街だ。60万人程度の街だがコンパクトで、生活の用はほとんどが自転車で足り、治安もいい。残念な点は、

天候が不安定で肌寒く、料理が大味、そして事務手続きが遅いことだった。それでも、英語しか話せない外国人が独立したり、重要な仕事を任されたりする開かれた風土が気に入りオランダで働きたいと思うようになった。

経済危機の中の就職活動

翌08年春、就職活動の時期になると、景気は一変していた。ＯＭＡへの就職は望めなかったが、それでもオランダを目指して他の設計事務所に応募した。1件、面接に呼ばれたのを機に片道切符でオランダへ飛び、インターンで知りあったオランダ人に部屋を貸りた。その面接は不採用だったが、続けてインターン時代の上司に頼んでめぼしい事務所を教えてもらい、10社程度にポートフォリオを添付して電子メールを送った。「2週間ほど滞在しています。すぐ面接できます。機会がありそうなら教えてください。」と書き添えて。

そのひとつがマックスワンだ。ロッテルダム郊外に建つ8階建てのファン・デン・ブルック＆バケマ設計の倉庫を改修した一角にあった。90年代前半にＯＭＡ出身のリンツ・ダイクストラ氏が設立した事務所で、国内外の都市計画を中心に、住宅やオフィスビル、橋、展示設計まで幅広く手がけていた。ＯＭＡの出身者はオランダをはじめ世界中で活躍している。彼らに共通するのは、建築の社会的な制約に対する挑戦的で明快なストーリー、驚きと機能性を兼ね備えたデザイン、高層建築や都市計画など大きな規模の仕事に果敢に挑戦することだろう。マックスワンもその例に漏れず、好感が持てた。事務所の規模は20人程度で、外国人とオランダ人が半々、事務所

マックスワンの入っていたロッテルダム郊外の建物スパンセ・クブス。ファン・デン・ブルック＆バケマの設計で1969年に建てられ、以降改修を重ねている。ファン・デン・ブルックは、この地域の都市計画にも参画し、建物間の距離を一定以上確保し、通りに対して壁面線をそろえて親密感を持たせるなど工業地帯の良好な環境づくりに努めている

入社当時のマックスワン事務所(その後引越した)

内は英語でやりとりできる。落ち着いて仕事に取り組めそうな感触を得て、面接の次の日に採用の連絡をもらった時は快諾した。建築設計から離れて都市計画分野を中心に仕事をすることに抵抗はなかった。むしろ、規模の大きな建築計画のようで、建築の経験が活かせると思った。

事務所は所長のリンツとパートナーの日本人ヒロキ(松浦寛樹氏)が指揮を執っていた。リンツは全体の把握と自治体との協議が得意で、複雑な条件を整理しながら明快な方針を提案できる。その手腕が買われ、現在はオランダ政府の都市計画アドバイザーやデルフト工科大学の都市デザインの教授も兼任している。一方、主観的で大胆な判断や繊細な表現が必要な時はヒロキが統括し、コンペに勝ったりメディアで注目を集めたりする原動力となっていた。

完成予想図と模型制作――ロッテルダム市の複合再開発

最初の仕事は、地元ロッテルダムの中心部にある複合再開発計画だった。敷地は線路を南北に跨いだ空き地で、駐車場を重ねてつくった人工地盤を線路にかぶせ、その上にオフィスビルや集合住宅数棟、そして公園を配置する、日本でもアメリカでも見たことのない大胆な計画だ。私に任された作業は、発表用の完成予想図や検討用の模型を作ること。わからない点はひとつずつ尋ね、理解しながらやり遂げるつもりだったが、知識不足から、つい見当違いな方向に行ってしまう。そんな時は、チームリーダーがプロジェクトの要点をまとめ、CADエキスパートが現実的な製作方法を教えてくれた。

設計にあたっては、高層ビルや中層住宅、中庭型の住宅などタイプの異なる建物を扱うため、それぞれの標準的なサイズや平面計画などを黙々と覚える。AutoCADに設定された事務所独自のショートカットや、使い慣れない3DS Maxなどのソフトを、助言をもらい試行錯誤して、ほかのスタッフより遅くまで残りながら使う毎日。慣れると確かに制作が速くなり、3Dモデリングまで習得した。提出できるレベルの計画をまとめ、2カ月間のプロジェクトをなんとか終えた。もっとも、建設用地としての政治的アピールが主目的だったため、計画は出た後に中止になった。都市計画を扱う場合、こういうプロジェクトは珍しくない。

所長のリンツ・ダイクストラ(左)とパートナーの松浦寛樹(右)(©Maxwan A + U)

交通インフラ・開発シナリオ・景観デザイン――レイデン市駅前都市計画

6年間マックスワンで働いたなかで、最も長く関わったプロジェクトは約11万人の街レイデンの中央駅一帯の再開発であった。駅周辺の建物の建て替え計画や、バスターミナルとトラム乗り場の再配置を検討し、街の顔としてふさわしい駅前地区を計画する。大きな検討事項は三つ、交通インフラ（新しい街区割、歩車動線など）、開発シナリオ（床面積、建物の高さ・形状・タイポロジー・用途の配置、開発時期など）、景観（建物の素材感や公共空間のデザイン）である。そこは近くに風車があるため高さ規制がかかってくるような、オランダらしい要素が集まった敷地だった。

計画の中心である再開発前のレイデン駅広場から街を臨む（©Maxwan A+U）

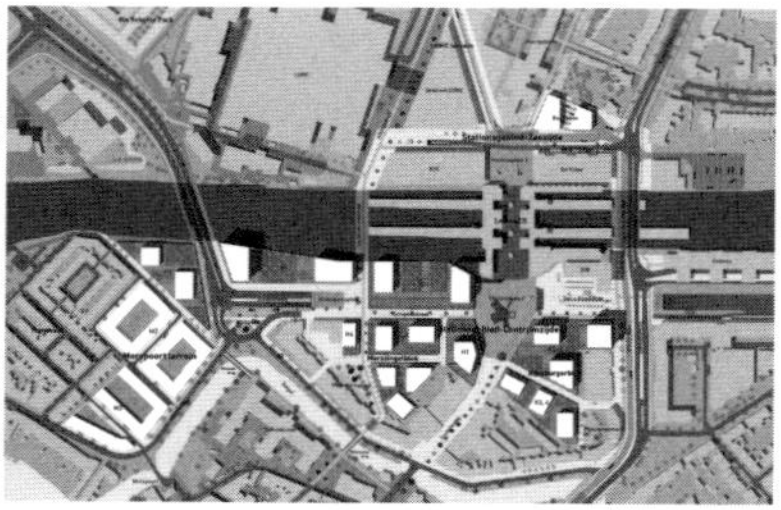

レイデン駅前地区の都市計画図（©Maxwan A+U）

プロジェクトはクライアントであるレイデン市との面接から始まり、数社の候補からマックスワンが選ばれた。都市の形を押し付けず、関係者の問題を整理しながら最適解を見つける柔軟で現実的な方法が功を奏したとリンツから聞いていた。

いくらオランダ人は英語が上手いとはいえ、役所との繊細なやりとりや提出物はオランダ語である。私を含め、事務所の半数を占める外国人は、オランダ人に打ち合わせを任せる代わりに、図面や説明図の制作や3Dレンダリング、冊子まで制作を手広く請け負った。レイデン駅は事務所から片道1時間程度のところなので、駐車場や植栽の配列、現存する建築物や街路のようすなど、現地の写真が必要になるたびに足を運び、くまなく歩き回った。

〈レイデン駅前広場〉完成予想図。案を生き生きと見せるため、都市計画で決めたルールをもとに参考例として建物を計画してみせる。実際の設計は、次の段階で敷地ごとに別の設計事務所が行う（©Maxwan A ＋ U）

プレゼンテーションの知恵

事務所内のレイデンのチームは3〜4人程度、所長で交渉役のリンツ、その補佐役のオランダ人、そして私ともう1人の制作係。制作にあたり特に気をつけていた点は、説明図から不要な情報を排除し要点を明確にすること。誤解をなくし、余計な質問を避け、修正を容易にするための知恵だ。

デザイン面だけでなく、開発の収支シナリオとのバランスにも腐心した。異なった案の収支を、空間の魅力だけでなくプログラムごとの床面積でも比べられるように数値化する。打ち合わせでは、床面積の与条件を変えると、それが駐車場の増減も合わせて敷地に収まるのか、ボリュームが増して通りに圧迫感をもたらさないか、そして金銭的収支の増減はどうか、一目でわかる。

また、どんな打ち合わせでも、アイデアは太めのペンで手書きした。コンピュータでは細部にとらわれるからだ。街区割案を決めた時は、太いペンでさまざまな案を描いて床に置き、可能性を話し合った。いくつもの案の中から私が描いた格子状の街区割の方針が選ばれてプロジェクトが進んでいった時はうれしかった。ただしそんな感慨に浸っている間もなく、即座にその場にいたリンツが何度もその上にトレーシングペーパーを重ねて洗練させていくのだが。

案から計画へ——資料を積み上げ、交渉は粘り強く

そうやって、案は1日で出ても、それを計画図につくりあげるまでには1年掛かった。敷地に立つ個々の建物は、大きめの低層部とタワーを組み合わせた、オランダでは珍しいタイプを提案した。これが、前例がないために関係者を不安にさせ、その説得の資料として、用途別の配置や床面積の確保に加え、駐車場やエレベーター、搬出入、日照条件など、

Leidsch Dagblad

Golden Tulip Leiden naar de rechter om bamboebos

Golden Tulip Leiden naar de rechter om bamboebos. Illustratie Gemeente Leiden

LEIDEN - Waarom geen leilindes of eiken? Golden Tulip en Tulip Inn aan de Leidse Schipholweg verzetten zich met hand en tand tegen het plan van de gemeente om vlak voor de hotels een bamboebos te planten. De hotels stapten donderdag naar de rechter voor een verbod, op straffe van een dwangsom. Leiden is van plan maandag met het hoveniersewerk te beginnen.

Door Patrick van den Hurk · 22-3-2013, 9:46 (Update 22-3-2013, 9:49)

道路の竹の植栽に対し、もっと一般的な植栽を植えるよう反対していた近隣のホテルが、1年近くの反対運動の後、ついに裁判に持ち込んだことを伝える地元の新聞記事(©Leidsch Dagblad)

その他の案と比較し問題がないことを示す必要があった。納税者という不特定多数から責任を問われる役所との仕事で、また不景気で建設自体にも彼らが慎重になっている時期だったため、責任を問われるくらいなら、よく使われる中庭型の建物に変えてもよいのでは、と主張する関係者もいたが、レイデン駅前を特別なものにしたいというリンツの意志は固く、図面をひととおり準備してなんとか当初の案を守り切った。

そうやって計画が進むと、複雑な複合プログラム建築の解き方もクライアントから求められるようになり、そのころには私もひととおり仕事ができるようになっていたので、敷地のひとつを受け持った。

とはいえ、障害は尽きない。ベンチひとつでも仕様が決まっていて自由にならなかった

り、緑地帯に笹を植えようとすると目の前の建物のオーナーに反対され裁判沙汰となって、地元の新聞に掲載されたりと、問題が起こるたびに検討の資料をつくった。駅前広場の設計が進んだ後で市の予算がないことがわかり、そのまま設計がお蔵入りしたこともある。

それでも所長のリンツは常に挑戦的で「人を信用しないように」と皆に助言していた。「無理と言われても、面倒なだけで、こちらで条件を整えればうまくいく」らしいと。

なんとか都市計画自体は完了したが、計画を現実化するための監修の仕事は終わらない。現在は計画エリア内に個々の建築が設計されている段階で、リンツは、その意匠が都市計画の意図に合致しているかどうか、アドバイスを続けている。完成するにはまだ10年以上掛かるだろうし、都市計画の常として、政治や経済の動向によっては一部しか実現しないかもしれないが、形になった時は見に行きたい。

世界に打って出るオランダの都市計画

事務所のほとんどの仕事は、招待コンペ（設計競技）に勝って取ってきたものだったが、公開コンペでも二つほど最高賞をとった。数百もの案の中から他の著名建築家を抑えて最高賞に選ばれるので高揚感がある。私はどちらもレンダリングやプレゼンテーション図の作成で協力した。ひとつはチェコのオストラヴァ市にある文化地区の開発、もうひとつはヘルシンキの南港エリアの再開発計画。インパクトのある大方針が決まれば、それぞれのスタッフが図面や説明図、レンダリングを進め、逐次最新のデータで提出ポスターを印刷しながら、内容や色使いなどを皆でチェックし修正していった。

勝ったのはいいが、両方のプロジェクトとも後が続かなかった。主催者としては、安上がりで体裁もいいのかもしれないが、実施を期待して精魂込めて参加する身としては物足りない。それでも、参加すればデザインの技術は向上し、勝てば実績としてアピールでき、地元とつながりも生まれ、さらに条件のいい招待コンペへの契機にはなる。

もうひとつ、モスクワの国際金融センターの都市計画招待コンペでも最終ラウンドまで勝ち進んだ。私自身も、競合する事務所の計画を調査し、与条件をまとめてロシア現地事務所と協働しながら計画案を練り、レンダリングや動画まで幅広く仕事を受け持ったし、チームとしても数カ月間休みなく労力を注ぎ込んだので、ある程度納得できる結果だ。アメリカや欧州の有名事務所を抑え、最後に残った二つの相手のひとつが同じロッテルダムの事務所だったので、オランダの都市計画の強さを改めて感じた。

最近日建設計で担当し勝ち進んでいる、シンガポールにある鉄道跡地の公開コンペでも、競技相手4チームのうち3チームにロッテルダムの設計事務所が入っている。日本にいても世界の舞台で手強いオランダ勢と再会することは懐かしく、励みにもなっている。

チェコ第三の都市、オストラバの〈ブラック・ミドー文化施設群開発コンペ〉の1等案。石炭業の跡地を、公園として保存再生し、文化施設をその周辺をとり囲むように配置する提案。敷地を建物で埋めるのではなく広場として提案したことが評価された（©Maxwan A + U）

仕事の機会が建築家を都市計画家にする

オランダでは、レイデン駅前の都市計画のように、計画時から建築事務所が担当する。自治体は土地利用の方針だけをつくり、設計事務所に具体的な建物ボリュームの検討や公共空間のデザインなどを任せ、その後、別の設計事務所が建物を設計する。結果として、マックスワンのような都市計画の経験豊富な設計事務所が多く出てくる。

仕事の機会が都市計画家を育てるので、実際マックスワンでも、所長を含め所員は

最優秀賞を獲得した〈ヘルシンキ南港コンペ〉の鳥瞰図。新美術館の建設を契機に写真中央部の港湾エリアを活性化する計画が求められた。既存の船着き場を移設し、新美術館にかけての人の動線を工夫することで、変化に富んだ親水空間を提案したことが評価された（©Maxwan A + U）

とんどが建築出身だ。それが都市計画を引き受けて実績を積み上げるうちに都市計画を中心に仕事するようになった。だから計画系の仕事の傍ら、どんな規模でも実作をつくり、オフィスビルや住宅、ロッテルダム中央駅のバス待合所、ロッテルダム国際建築展やボイマンス美術館での展覧会のインテリアなどを国内外のメディアに発表している。

実際、都市計画の知識は、建築の設計にも役に立つ。都市部の大規模な開発では都市空間に関する提案が求められるし、建築コンペでも、都市環境への貢献度で勝者が決まることも多い。それに都市計画時点で規模やタイポロジー、外形、素材感まで決められてしまうため、都市計画から手がけなければ、いざ建物を考える際の範囲が限られてしまう。

レイデン駅前のプロジェクトのように、土地利用の計画と建築設計とのあいだに詳細な都市計画を定めるオランダの制度は、建築家の提案力をうまく利用している。

最終ラウンドまで残ったモスクワの〈国際金融センター設計競技〉の鳥瞰図。郊外の草原に職住近接都市を計画することが求められた。高層の街区から郊外型の住宅地まで多様な街区を提案し、目抜き通りや広場、水辺など特徴ある公共空間を充実させた（©Maxwan A + U）

都市のビジョンや文脈といった抽象的な視点と、場所や公共空間のしつらえといった具体的な事物とを合わせて発想するのは多くの建築家の得意とするところだろう。街路や広場、建物、水辺や公園を街に位置づけ、都市空間をデザインする際に、詩的な感性が必要な機会も多い。都市計画に建築家が加わることにより、大規模な開発にも空間的な特徴が出て、平坦なオランダの街を多様で味わい深いものにしている。

また、都市計画は建設リスクがなく不景気の影響を受けにくいのも魅力だ。建築を専門に手がける事務所が規模を縮小するなかで、マックスワンは比較的経営が安定していた。

都市に対する一般的な関心の高さも感じる。社会的な責任が大きいからでもあるが、テレビや新聞などで取りあげられる機会も多かった。

一方で、建築デザインと都市計画の職能の違いには敏感になる必要がある。都市計画は成果が出るのに何十年

ロッテルダム中央駅にある2015年に竣工したマックスワン設計のバス待合所。雨水のシミュレーションや3Dレンダリングを担当した（©Filip Dujardin）

と掛かる、見えにくい仕事だ。建築のように表現を重視しすぎると、与条件の変化に対応できない窮屈な案になったり、画一的になりすぎたりして街の魅力を減じてしまうから要注意だ。

地に足の着いたオランダの生活

多様性とバランスを尊重するオランダ人の気質は、仕事に限らず生活にも表れていた。男女平等の精神を持ち、仕事と同じくらい家庭生活を大切にするため、忙しくなければ夜は18〜19時には家に帰る。男性でも子どもの送り迎えで17時過ぎに上がることもある。かといって、忙しい時は家に仕事を持ち帰りプロジェクトの中心になって働くし、締め切り前には日曜出勤や、深夜作業が重なり、週80時間勤務が続くこともある。それでも多様な働き方が可能で、隔日勤務や15時までの時短勤務も可能な環境があった。

事務所での昼食は全員でテーブルを囲み、同じ食事を

誕生日には本人が皆のためにケーキを持ってきてお祝い、事務所からはお返しにプレゼントが手渡される。
引越し後のマックスワン事務所のランチテーブルにて(©Maxwan A + U)

とっていた。カット野菜とパン、それに日替わりの一品をスーパーから配達してもらうのだが、在籍年数関係なく持ち回りで所員がお皿と一緒にテーブルに並べる。夜遅くなる時は、事務所負担で外食の出前をとるが、味が強く毎日続くと具合が悪くなるため、近くのスーパーで食材を買いレンジで調理することも多かった。

友人と集まる時は、割高の外食よりは家でホームパーティーをすることが多い。居間付きのシェアハウスが多いので集まりやすいし、春から夏にかけては公園でバーベキューをするのも気持ちいい。

オランダは祝日が日本より少ない代わりに、1年に25日程度も有給休暇があり長期の休みが取れる。年代物のアパートを買ったばかりの同僚たちは、この期間に趣味と実益を兼ねて改修に精を出していた。私も父が急逝した時には休暇を利用して帰国し、家族を支えることができた。

生活費は月あたり1000~1100ユーロ程度、そのうち固定費はシェアハウスが光熱通信費込みで300〜500ユーロ、保険が120ユーロ程度、日本への飛行機代積み立てが100ユーロ程度。手頃な1人暮らし用の部屋が少なく、アパートを借りると800〜1000ユーロ程度掛かる。家賃を手取りの2〜3割に抑え、貯蓄もできるバランスのとれた家計を優先するため、シェアハウスに住んでいた。

都市空間を設計したい

帰国を考え始めたのは、景気の低迷が続くなか、事務所の仕事が減って週3日勤務になり、生活に張り合いがなくなってきた時だった。

オランダでの経験を活かすため、日本でも大規模のプロジェクトを多く手がけている事務所を探し日建設計から職を得た。オランダで知りあった同社の方から、中途採用があることを教えられ、ウェブサイトから日本語のポートフォリオを揃えて応募した。自分の経験が日本で

どう役に立つのか一抹の不安はあったが、悩んでも仕方がないと開き直り、プロジェクトを理解する力、建築計画や都市計画の知識の広さ、制作の技能面などを実績とともにアピールした。

オランダと比べても、日本は建築自体の完成度は高く、新しい試みも多く野心的だ。一方、そのような設計者の努力にもかかわらず、建築物の都市全体のなかでの戦略的な位置づけが希薄ではないだろうか。都市空間と建築が一体となった魅力的な場所が少ない。単体の建物を設計する前に、その地域や都市のあり方を具体的に計画する機会はもっと増えないだろうか。オランダの、人の目線で計画された公園や広場、通りや水辺の、のびのびとした雰囲気、そしてそれを彩る建築のあり方が忘れられない。よい都市空間は人々を幸せにする。日本の都市空間ももっと人々が楽しめるものになるのではないか。これから仕事をするなかでそんな機会を見つけたり、可能ならばそんな機会自体をつくったりしていきたい。

都市の余白に何が描けるか

–Philadelphia, U.S.A

鶴田景子

Wallace Roberts & Todd, LLC

ベスレヘムスチール2期工事─高架歩道公園

フィラデルフィアの朝

私は今、アメリカの独立宣言が起草された、南東部のフィラデルフィアという街に住んでいる。毎朝、子どもと旦那を送りだしてから出かけるまでの30分間は、貴重な独りの時間だ。朝食をとり、ニュースを聞きながら、1日の仕事の手順を頭の中でまとめる。オフィスのプリンシパルとして、常に7〜8件のプロジェクトを監修していると、何を今日中に終わらせ、何を明日に引き継ぐかの整理は事前に済ませておく必要がある。デスクに着いたとたんに次から次へと入ってくる電話や打ち合わせに忙殺され、デザインに向き合う時間がなくなってしまうからだ。

ご近所さんとお決まりの朝の会話を交わしながら地下鉄に乗り、30分後には自分のデスクにたどり着く。ヴォイスメールの赤いライトが点いてない朝は、ちょっとラッキーな一日の始まりだ。ビルの28階にあるオフィスからは、フィラデルフィアの街が一望でき、低いパーティションで仕切られたオフィス内には、専門分野に関わらず、ランダムに席が配置されている。

仕事は9時から18時まで。締め切り前以外に残業はしない。この国では長く働いたからといって評価されることはなく、効率と成果がすべてである。18時を過ぎるとオフィスはほぼ空っぽ。毎晩、19時には家族で夕食をとることが、私のごく普通の毎日だ。

都市レベルのデザインがしたい

大学院で建築を学んだ後、竹中工務店に入社。設計から施工まで一貫して携われる環境や、デザインのクオリティの高さに加え、入社一年目に行われる研修システム

WRTのフィラデルフィアオフィス

にも魅力を感じた。全国から採用された総合職167人のうち、女子はわずか7名。神戸の研修寮で1年間、皆で寝食を共にした。

設計部での研修も半ばに差し掛かった1月の、まだ日も昇らない早朝5時46分。激しい揺れに襲われて目が覚めた。日の出とともに近所の救助活動に出かけた私たちの前に広がっていたのは、一瞬にして〝壊れた都市〟の姿だった。〝デザインで何ができるのだろう〟。プロフェッショナルとして駆け出しの自分に、そう問いかけた。その後の復興を目にする中で、単体の建物を超えて、都市スケールでデザインの仕事をしてみたいという意識が漠然と芽生え始めた。

設計部での生活が4年目を迎えたころ、上司との衝突で部署を移動し、忙しい毎日に流されかけていた私は、一人の上司と出会った。

震災の日、竹中工務店・竹友寮近くにて

彼は、とにかくこだわり、粘る人で、納得がいくまでスケッチを重ね、模型をつくり、あらゆる状況を念頭に、1本の線へと絞り込んでいく。とある都内の商業ビルのデザインの仕事を通して、都市という枠組みにおける建築のあり方と、技術やシステムの基本を知ることの大切さ、そしてわからなければわかるまでとことん質問する姿勢を、彼から学んだ。

仕事の傍らで留学への思いが一気に高まっていた私は、ある時、〝都市計画かランドスケープをアメリカで学んでみたい〟と彼に打ち明けた。〝それはいい。僕も留学した時、実は都市計画とランドスケープで迷ったんだ。絶対に行くという意志が大切だ〟と勇気づけてくれた。

帰国後を考え、1級建築士の資格を取ることにしたので、結局、留学するまでに約3年を要したが、会社にも正式な休職を認めてもらえた。研究と実務、両方の実績を3年で積み、パワーアップして竹中に戻ってくるつもりで、01年夏、アメリカはフィラデルフィアへ渡ったのだった。

ペンシルバニア大学ランドスケープ学科

留学先のペンシルバニア大学ランドスケープ学科は、フィールド・オペレーションズのジェームズ・コーナーが学科長になって間もない時期で、いい意味でラボの色がまだ定まらず、フレッシュな感じが残っていた。建築のバックグラウンドのある学生を入れようというジムの方針も、英語の点が振るわなかった私が受け入れられた背景にあるはずだった。留学生活は忙しかったが、実務の現場で実際にものが建ちあがっていく中で感じる、失敗が許されないプレッシャーに比べると、大学院での日々は寝不足の連続でもただただ楽しかった。

ヴェネズエラスタジオで作成した透視図

たとえばヴェネズエラの首都カラカスの中心に位置する、12 haの軍事空港を敷地とした都市公園の提案では、貧富の差がいまだ顕著なこの国で、本当の意味での公共公園を創り出したいと感じた。さまざまな場所がさまざまな人にどのように使われるか、プログラムをヒューマンスケールまで落し込み、スペースを整理していった。プレゼンテーションのスキルはまだまだだったので、説明が少なくて済むように、図とパースでデザイン意図をなるべく具体的に表現して壁に貼り出し、〝生活レベルの違いがあっても、皆が、それぞれの目的で使えるスペースをつくりたい！〟と一所懸命に訴えた。発表後、教室から湧き起こった拍手は格別だった。英語の未熟さから苦手意識ばかりがあったプレゼンテーションに、初めて快感を覚えた瞬間だった。

都市NYでみっちり働く

竹中に3年間の休みを申請したのは、大学院2年のコースの後、どうしても働いてから帰国したかったからである。残りわずか1年、卒業を間近に控えて必死でポートフォリオを準備した。一生に一度あるかないかの機会、場所はNYと決めていた。帰国後に日本で経験を活かせるように、建築と都市の狭間をデザインするようなプロジェクトに携る事務所を探した。公園計画のようにレクリエーション的なオープンスペースではなく、雨水処理等、インフラストラクチャーを整理する都市

トムの事務所で作成した中国のコンペのためのコラージュ

トムのコンセプトデザインスケッチ

構造に関わるプロジェクトを経験したかった。2つの事務所から立て続けに断りの手紙を受け取った直後、トーマス・バルスレイ事務所から〝会ってみたい〟とのメールが届いた。トムの事務所はマンハッタン内をはじめ、都市に位置するオープンスペースを多く手がけていた。ビルの狭間のポケットパークから、都市のインフラとしての役割も担う河川敷公園まで、スケールも多彩だった。

3日後に15分ほどの短いインタビューを受け、初めの3カ月は試用期間とすることを条件に採用が決まった。03年当時のアメリカの就職は決して売り手市場ではなく、半数以上のクラスメイトが夏を終えても仕事が決まっていなかったので、ラッキーだった。ただし初めての給料は竹中時代の半分ほど。3人のルームメイトとシェアするマンハッタンのア

パート代と毎日の食費ですべて消えた。当時のトムの事務所はチェルシーにある高天井のロフトで、デザイナー7人、事務3人が働いていた。幸か不幸か、私のアパートも同じブロックにあり、夜はどんなに遅くまでも働ける環境の中で、忙しいNY生活が始まった。事務所の仕事は国内外のプロポーザルが多く、下っ端の私は主にレンダリングが中心で、NYはもちろん、中国のコンペや韓国の美術館など、さまざまなプロジェクトに片っ端から突っ込まれた。

トムのスケッチはその躍動感が特徴的で、使う人々の動き、スケール、季節感といった様々な具体的な要素が盛り込まれていた。そうした躍動感は私がCGに落としこむ時にも求められ、〝どのように場所のリアリティを出すか〟、トムの納得がいくまで、何度でも駄目だしを食らった。何百人という組織のなかで、幾重ものレヴューを通し、やっと方針が決まる竹中時代とは違い、プロジェクトの規模に関わらず、トムの意思ですべてが決まる。はっきりとしたビジョンとトムのカリスマ性が、事務所の成功の鍵であった。いまだに多くの人がランドスケープと言うと〝ガーデンデザイン〟を連想する中で、トムはそのデザインの明確さとディテールの確実さから、NYの多くのデベロッパーに愛されていた。自身の名前の付いた公園もできるほど、マンハッタンを始め、世界の都市で作品を創り続けるトムのランドスケープ界への功績は大きい。トムと仕事をした1年は、短かったがとても貴重な体験であった。

結婚

NYでの仕事にも慣れてきた03年の夏、フィラデルフィアの友人を訪ねていた私は、のちに夫となる人と再会した。彼は、ヴィンテージのオートバイや車を修復する仕事をしていて、〝つくる〟ことに対するこだわりは似たものがあったのだが、育ってきた環境も、当時の生活環境もまったく違う世界の人だった。なんとなく気が合い、

ＮＹとフィラデルフィアを行き来する生活が始まった。何を考えていたのか、何も考えてなかったのか、この偶然の出会いが、私の人生の転機となった。もともと私には〝結婚願望〟というものが欠落していて、大学の同期も、会社の同期も、友人は皆、私が結婚することはない、あったとしても遅いだろうと口を揃えて言っていた。それに加え、私は日本が大好きな人間である。実力評価のアメリカは自分の気質にはあっていたが、永住したいと思ったことは一度もなかった。ところが、帰国まで半年を残した03年11月、アメリカであっさり結婚した。時の流れに身を任せた自然な成り行きとしか言いようがない。申し訳ないと思いながらも、休職をいただいていた竹中工務店を正式に退社し、アメリカにしばらく留まる決意をした。

フィラデルフィアの旦那の修復スタジオ(右)と、結婚式。ヴィンテージバイクに乗って記念撮影

　04年の5月、私は再びフィラデルフィアに戻って来た。結婚後もＮＹで仕事を続けていたが、子どもができたのを機に、拠点をフィラデルフィアに移すことに決めたのだった。ＮＹはスピード感があって、常に何かが起こっていて、東京の混沌と似た大好きな街だが、働きながら子どもを育てるには経済的に厳しいと感じていた。トムには〝子どもが生まれても、通えると思ったら戻って来ればいい。デスクは空けておくから〟と言われていた。トムに学びたいこともまだまだあったので、いつか戻ろうと本気で思っていたが、子どもを預け、片道1時間半かけてＮＹに通うのは非現実的であった。

　この国では、乳飲み子を預けて働きにでることは極々当たり前で、保育園は3カ月の赤ん坊から預かってくれる。うちの坊主も3カ月組で、小さいころから共同生活に揉まれている。最初のころはそんなに小さいうちから預けてしまうことへの罪悪感があったが、周りを見渡せば皆同様の子育て環境だった。いくつか保育園を渡り歩き、安心して預けられるところを見つけたこともあって、その罪悪感は薄れていった。

WRT

出産から2カ月後、私はトムのところに戻ることを断念し、フィラデルフィアでの就職活動を始めていた。当初、ランドスケープ研究は、建築家としての視野を広げるための布石と考えていたので、建築に戻るかランドスケープをもう少し続けるかを決めきれなかった。そこで、オファーを受けた中から、建築とランドスケープに加え、アーバン・プランニングの部門を持つ、フィラデルフィアだけでも90名ほどの所員を抱えていたWRT（Wallace Roberts & Todd, LLC）で働いてみることにした。

入所して最初の仕事は、プリンシパル・リヴァー・ウォークという河川敷の改修計画で、アイオワ州デモイン市のデモイン川河川敷に、1・9㎞に渡って延びる堤防の機能を併せ持つ公共公園をつくる計画だ。公共とは言っても、一企業の寄付による公共事業である。

公園の一部は浸水することを前提としたデザインが要求され、歩行者と自転車、双方のための道は、両岸をつなげる街のインフラの役目も担っている。いまだにアメリカでのランドスケープ・プロジェクトの規模には圧倒されることがあるが、とにかくクライアント側も設計側も関係者が多く、計画全体を大きな流れで掴んでおかないと、すぐにデザインの芯がぶれてしまう。

私は、詳細設計から参加したのでプロセスの大きな波は越えていたが、ディテールや材料の修正は何回も行われた。不況前で、比較的余裕のある設計料をもらっていたので、調整やプレゼンテーションのために何度か現地を訪れた。私のような下っ端でも会食に招かれ、これほ

プリンシパルリヴァーウォーク公園の石張りの堤防前。一息つく地元のサイクリンググループに出会った

どの規模の公園を寄付することのできるアメリカの一企業の公共事業への理念を、建築主から直接聞く機会にも恵まれた。

その後、設計監理は市が引き継ぐことになったが、13年4月、現地を再び訪れる機会に恵まれた。ペイブメントの材料やベンチのデザイン、植物の種類まで、オリジナルデザインの実現度は50%といったところだが、伸びやかな曲線がいくつものオープンスペースをつなぎ合わせていた。

時間を惜しんで写真を撮っていると、ピクニックをしていた地元のグループがワイングラスを手に〝よかったら一緒に！〟と声を掛けてくれた。彼らは私が公園のデザイナーだと知ると、「公園のおかげで週末を楽しめる場所ができたよ。街全体にとってもうれしいことだよ、ありがとう」と握手を求めてきた。以前、〝使い手を最大限に考えてデザインしたい〟と言った私に、ペン大のインストラクターの1人が〝なにを甘いことを言ってるんだ。私たちの命題はもっと大きい。〟と失笑し諭すように言ったことがある。でも私にとっては、デザインとして学術的な功績を上げることよりも、使い手のこうした一言を聞くことのほうが、ずっと価値があるのである。

ベスレヘムスチール

WRTに入って初めの5年は、子育てに奮闘しながら、どんな仕事でも無我夢中で取り組んだ。NYの大規模再開発の指名コンペ、ワシントンD・Cの中心部に流れ込むポトマック川沿いの公園、ダラスの車道橋をオープンスペースに生まれ変わらせる計画と、関わるプロジェクトは途切れない。片や、スタッフの半数が不況のため会社を去って行く中、このままWRTに居続けていいのか、ランドスケープデザインを続けていくのか、迷いが出始めた。キャリアの転換期となるプロジェクトに巡り合ったのは、そんな時だった。

フィラデルフィアから車で1時間半、ペンシルヴァニア州ベスレヘムという街がある。一時期はロックフェラーセンターやゴールデンゲートブリッジといったアメリカの歴史的建造物の鋼材生産を担ったベスレヘムスチール社を中心に栄えた街だが、01年の経営破綻後、街の再生が課題となっていた。

そこにカジノ経営からの資本が入り、カジノをはじめとするエンターテイメントキャンパスの開発の一環で、中核となるオープンスペースのデザインコンペが催され、WRTにも指名が来た。フィールド・オペレーションズをはじめ、コンペの常連が競合相手に名前を連ねる中、コンセプトの立案から、プレゼンまで中心となってまとめさせてもらった。

結局、フレキシブルな場所づくりへの姿勢と、対話を重視した我々のデザインチーム体制が好感を得て、デザイン力とカリスマ性で推し進めたほかのチームを押さえ、難関を勝ち抜いた。そして完成までの2年間、私は総合デザインをリードする立場に初めて立ってこのプロジェクトに取り組むことになった。レヴィット財団の寄付に

2009

TODAY

よる屋外パヴィリオンの設計も同時にWRTに任され、パヴィリオンを中心としたキャンパス計画が始まった。一部残る鉄溶鉱炉に沿って、細長く伸びる敷地に250 0人収容のパヴィリオンをいかに配置するかが敷地計画の鍵だった。30案近く提案したのち、真っ直ぐな既存の公道を湾曲に配置し直す方針に固まった。弓型の新しい道が、直線ばかりの工業跡地の区画に新しいヒエラルキーを生んだ。パヴィリオン前に広がる芝生の緑のカーペットが、後ろにそそり立つ力強い鉄の塊とのコントラストを見せている。

完成直後の平日、息子に学校を休ませ、カメラマンとのプロジェクト写真撮影に連れ出した。〝かっこいい!〟と芝生の上を走り回る息子を見て、幸せな気持ちでいっぱいになった。

WRTには当時、9人のプリンシパルがいたが、ベスレヘムの計画も含め、ほとんどのプロジェクトはチリ出身のイグナシオと取り組んで来た。彼は都市のグリーンインフラストラクチャーを研究するアーバン・デザイナー兼ランドスケープ・アーキテクトで、私にとってはなんでも相談できる貴重なメンターでもある。物腰が柔らかく、物事を明確に説明したり、相手の立場に立って会話を紡いだりして聞き手を魅了する力は、天性のものだ。最近は〝デザインは、ケイコの思うように進めればいい〟とあまり口出しをしなくなったが、私はアイデアが煮詰まると、スケッチの山を抱えて彼のオフィスのドアを叩く。彼はちらちらとスケッチを見渡して、〝これからな。まだまだだけどね〟とニコッと笑う。常に新しいものに興味を示し、知らないことを楽しみ、素直に物事に反応する感性の鋭さには頭が上がらない。

〈ベスレヘムスチール・スチールスタックスキャンパス〉
1期工事前(上)と現在のようす(下)

都市の余白を紡ぐこと

NYのハイライン公園の完成以来、その成功を目の当たりにしたアメリカは、一種、ハイラインブームだ。私はまた毎週のように、ベスレヘムを訪れている。前述の

HMT

キャンパスのプロジェクトが評価され、ベスレヘムスチールの高架の線路上に空中公園をつくるプロジェクトを依頼されたからだ。当然このプロジェクトもハイラインと比較されるのだが、線路上のリニアな歩道公園という共通の基本条件に対して、私たちはまったく別のタイプのデザインで回答している。ハイラインが既存の高架線路構造に公園を埋め込むように一体化しているのに対し、ベスレヘムは〝トレッドライトリー〟つまり既存の状態をそのままに見せることを重視した。新しい歩道は既存の構造物から浮かせ、合間を抜けていくようにデザインしている。

この地方に生育するものに混じり、カツラや白樺といった異国の木までもが既存の鉄の構造物の間にすでに根付いており、それらを守りながら同様の新しい植物を補い、場所を形作っていく。聳え立つ鉄溶鉱炉に手が届きそうな興奮、今にも動き出しそうな現実感を人々に味わってもらいたい。公園はあくまで、そのための足がかり

(前頁)ベスレヘムスチール2期工事完成直後の高架歩道を空から。グレーチングスチールの直線動線とコンクリートデッキのオープンスペースが入れ替わりで高架線路の上を渡り歩く(提供：WRT)

であり、脇役として大切であるに過ぎない。

アメリカに腰を落ち着けて早10年、もうすぐ私の肩にその背が追いつきそうな息子を眺めると、過ぎていった時間の長さを感じる。今年で11歳になる息子も、私が働いていることは理解しながらも、他の親御さんたちが多く参加する学校の行事に私の姿が見えない時には、きっと寂しい思いをしてきたことだろう。働きながらの子育てによる罪悪感は、薄れつつも消えることはなさそうである。

ランドスケープは時に、長いプロセスを要求され、構想から完成まで、10年掛かることもまれではないが、すでにアメリカに6つ、日本に2つ、手がけたプロジェクトが完成した。今もベスレヘムの2期工事を筆頭に、日本やインドネシアのジャカルタでも、多数のプロジェクトが進行中である。

〝ランドスケープデザインを続けるの?〟と聞かれることがあるが、ただ〝デザインに関わっていく〟とだけ

答えることにしている。ランドスケープアーキテクトとして？　建築家として？　それとも？　いまだに模索中だ。それでも、異なるデザイン分野をつなぐ役割は奥深く、そのデザイン領域が日々変化し続けるランドスケープは今、面白い局面を迎えていると思う。ランドスケープデザインには、水系や地形、生態系といったコントロールし切れない要素へのおおらかさが求められる。納まりの細部まで完成度を求めていた建築デザインとは異なる、その難しさが私を魅了する。

また2015年5月からはプリンシパルとして、ランドスケープ部門をリードする立場になった。デザイナーとしてだけではなく、一オーナーとして、ビジネスの側面からデザインの可能性を見つめる機会も増えた。

ランドスケープデザインは都市の余白へ切り込む切符。そして都市の余白は、人と自然、インフラ、建築、それらが隣り合い接触することで変化し続ける厄介者だ。それをデザインの力でどこまで紡げるのか、見届けたい。

パブリックスペースのデザインは、答えのない複雑なパズル

金香昌治
Nikken Sekkei LTD

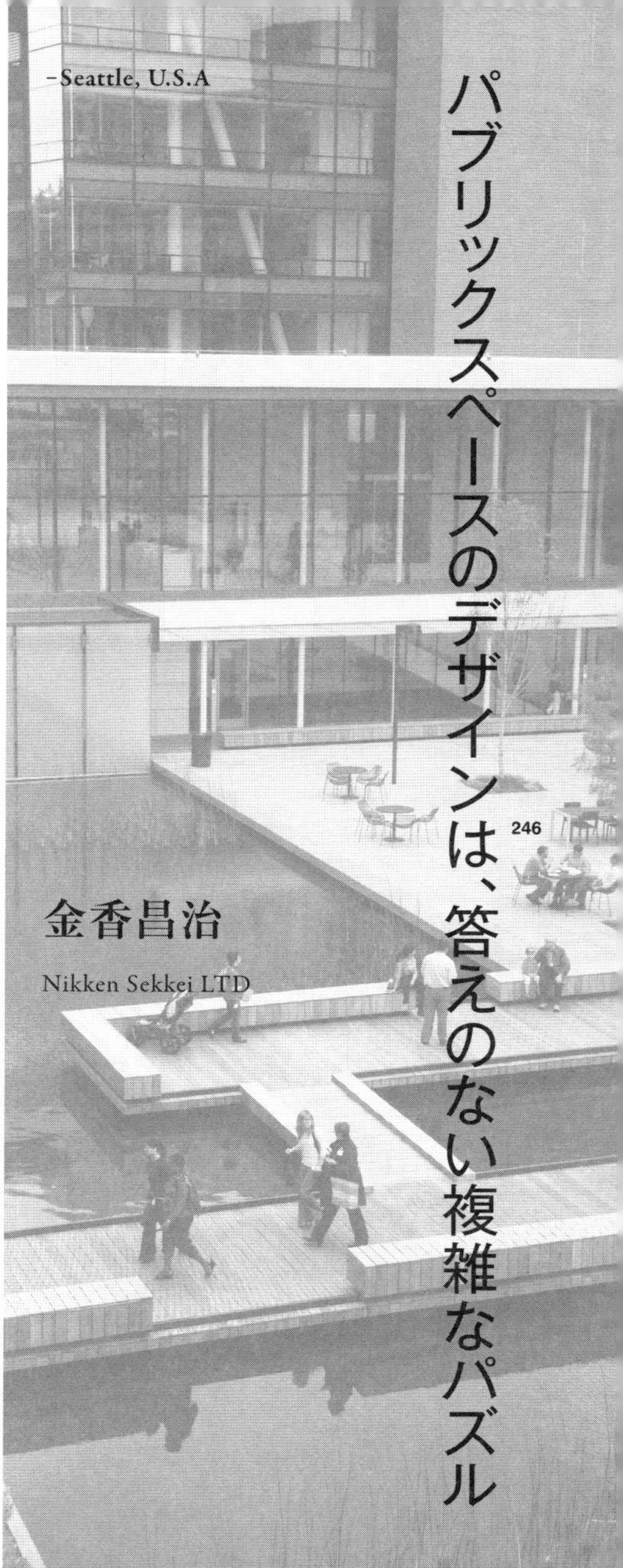

〈ビル&メリンダ・ゲイツ財団キャンパス〉内部
–Seattle, U.S.A

日建設計都市デザイングループ

ここ、㈱日建設計都市デザイングループは、国内外のマスタープランやまちづくりのデザインガイドラインの策定から、都市における公共領域の企画、調査、計画、デザインに至るまで幅広い業務に取り組む、総勢50名ほどの部隊だ。メンバーは日本、中国、韓国、台湾、インド、ドイツ、ニュージーランド、アメリカなどの混成チームで、バックグラウンドも都市計画、土木、建築、ランドスケープ、環境などさまざま。おそらく国内でこういうユニークな組織は他にないと思う。

私がこのチームに加わったのは、約10年間のシアトルでの生活を終えて帰国した２０１２年春。それから３年

が経つ。
今日は朝から中国の設計院から送られてきた都市公園案の図面チェック、午後からは東京オリンピックに向けた都内の大規模複合開発事業の施主へのプレゼン、会社に戻って某スマートシティのデザインガイドラインづくりで協働しているアメリカはポートランドの会社との電話会議後、その内容を市の協議資料に反映し終え22時退社、23時帰宅。もう少し余裕を持って仕事をしたいと常々思うが、日本ではなかなか難しい。

都市計画、建築、ランドスケープをひとつの領域として学ぶ

大学で建築を専攻し、設計課題に取り組んでいた時、ある気づきがあった。それは、平面図に向かって建物の内部的な納まりを描くよりも、配置図を使って建物の配置や入口へのアプローチを考えるほうが、人の経験が豊かになる気がして、デザインプロセスとして断然面白かったのだ。ある日の講評会で、建築とまちとの関係性や、外部空間のデザインばかり力説する私に気づいてくれた先生から、「ランドスケープという分野があるのを知っているか?」と聞かれた。すぐに紹介された『建築文化』や『SD』のランドスケープ特集や、アメリカのランドスケープアーキテクト、ダン・カイリー[*1]の作品集を手にして、その自然と構築物とが一体となった美しい世界観に魅了される。

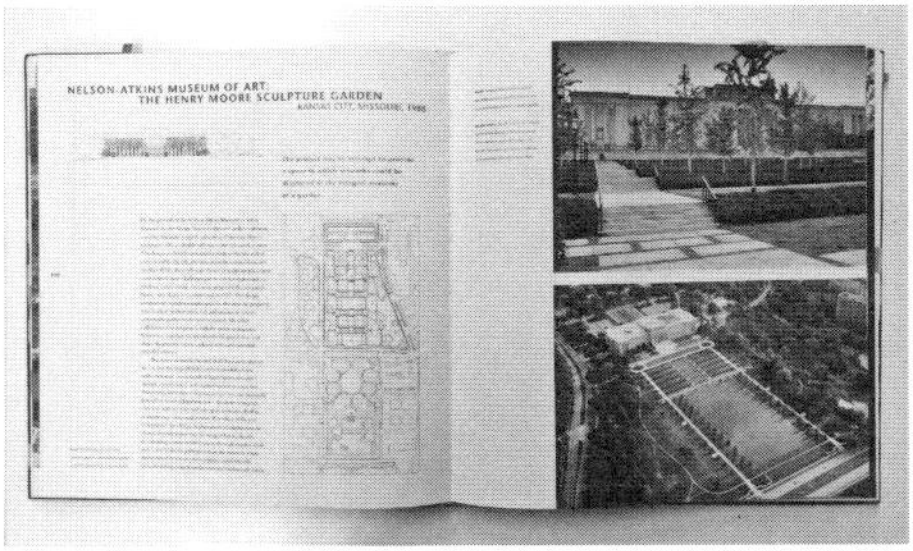

ランドスケープへの興味を抱くきっかけとなったダン・カイリーの作品集

しかし、日本ではランドスケープ・アーキテクチャーという分野が未成熟で、学ぶ場所は建築と関わりの薄い農学系や園芸学系の限られた大学にしかなかった。国内ではデザインを学べる機会が限られていると知り、ランドスケープ教育の本場、アメリカへの留学を決める。

留学先のワシントン大学は、ワシントン州シアトルにあるアメリカ北西部最大にして1861年創立の歴史ある公立大学で、通称UW（ユーダブ）。アメリカの多くの大学がそうであるように、都市計画、建築、ランドスケープの学科が三位一体で運営されている。ガス・ワークス・パークで知られるリチャード・ハーグが創設したランドスケープ学科は、アーバン・エコロジーに重きを置いた教育カリキュラムで知られ、歴史、理論、グラフィック、造成・排水、植栽、施工などの基礎科目に加えて、国内外を対象地にしたデザインスタジオではフィールドワークを通じて実際によく外に出た。日本ではタバコを吸いながら昼夜製図台に向かうなんとも不健康な若者だったが、ここでは街や郊外の自然の中を歩き回る機会が増えた。

UWシアトルキャンパス。ワシントン湖に面した緑豊かなキャンパスは700エーカーを超える敷地内に約200もの建物が配されている

クラスメイトは13名ほどで平均年齢は30代半ば。大半が社会人経験者で、大学を出たばかりの自分にとっては皆大人に見えた。英語力のなさ、社会経験のなさによる劣等感に苛まれ、ディスカッションのクラスでは存在感ゼロだったが、設計スタジオではデザインという世界共通言語に救われた。模型やビジュアルプロダクションを通して考えをアピールできるようになったのだ。

修士設計ではシアトルの水際空間を対象にデザインに対する思いをぶつけた。市民の台所として有名な高台にあるマーケットと、高低差が30mほどある湾岸沿いの水族館のあいだを、商業や文化施設、パブリックスペースとが一体となった公園で効率的につなぎ、人の流れを生み出す提案をした。この提案が、アメリカ・ランドスケープ・アーキテクト協会（ASLA）デザイン部門で大賞をもらうことができた。UW出身者として初のこの成果が自信となり、異国の地に残って次のステージに進む勇気を与えてくれた。

就職活動

　建築の会社か、ランドスケープの会社か、シアトルか、それとも他の都市か、あれこれ思いを巡らせながら、修士設計が掲載された雑誌『Landscape Architecture Magazine』を見ていると、ふと地元の市庁舎の計画案に目が留まった。その興奮は言葉で表現しがたい。植栽や水景、擁壁や階段などランドスケープを構成する要素が伸びやかな平面線形を描き、

ワシントン大学ランドスケープ学科が入る校舎、グールドホール。中央の屋内コートヤードを囲むようにスタジオや教室が配されている（©University of Washington）

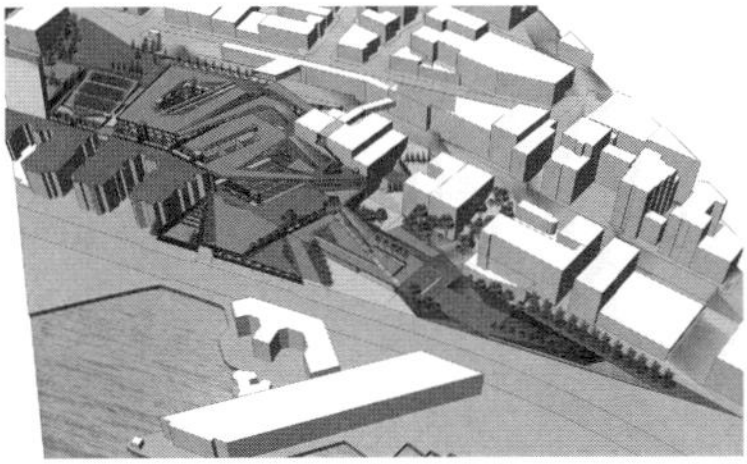
ASLAで大賞を受賞した修士設計案のパース。立体的な公園でダウンタウンとウォーターフロントとをつないだ

建築配置と美しく融合している。私は興奮した勢いで思いをカバーレターに書き上げ、プロジェクトを分野別に見やすいように、11×17インチの紙を縦に四つ折りにしたリーフレット状のポートフォリオと共に、グスタフソン・ガスリー・ニコル（Gustafson Guthrie Nichol、以下GGN）という設計事務所に郵送した。

　1カ月ほど経っても返事はなく、他都市の会社へアプローチすることも考え始めていた矢先、1通のメールが届いた。「ポートフォリオを見ました。来週からまずはインターンとして働いてみませんか？」。真っ先に家族に国際電話で報告した。

グスタフソン・ガスリー・ニコル（GGN）事務所

　GGNは、キャサリン・グスタフソン[*2]、ジ

ェニファー・ガスリー、シャノン・ニコル[*3]の女性3人が共同代表を務め、主にランドスケープや都市デザインを請け負う会社である。パートナーのなかでも年長のキャサリンと最年少のシャノンは親子ほど年が離れているが、2人共根っからのデザイナータイプで、その中間にいるジェニファーは経営センスを持ったマネジャータイプ。バランスが取れていた。私の入社した05年当時はちょうど全米で注目を浴び始めた時期だった。

事務所はダウンタウンウォーターフロントの埠頭にある木造倉庫を改修した事務所の3階でエレベーターを降りると、真っ白のインテリアが目に飛び込む。横長のデスクが整然と並べられた広々とした空間に所員が5名ほど。その先の大きな窓からは光り輝くピュージェット湾の水面と真っ青な空、さらにオリンピック山脈の大パノラマの絶景が広がる。初出勤の日は、この絶景を前によし、やってやるぞと気を引き締めていた。

GGN創設パートナーの3人。左からジェニファー・ガスリー、キャサリン・グスタフソン、シャノン・ニコル

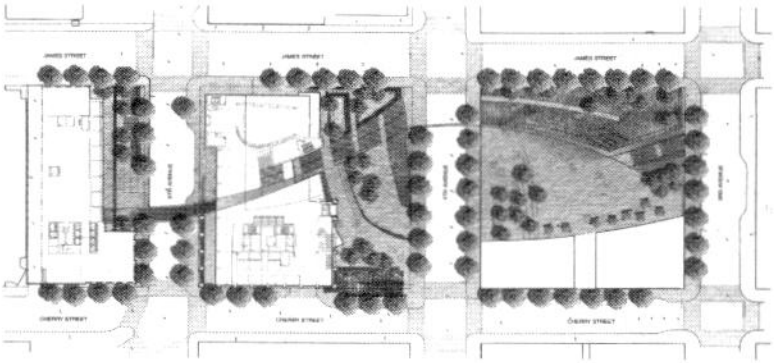

GGNの〈シアトル市庁舎計画案〉。複数の街区にまたがって水・緑の線形が屋外空間を構成し、建築と一体となった空間が連続している（©Gustafson Guthrie Nichol）

初めての仕事

初出社した朝、席に座るとすぐに声を掛けられた。プロジェクトの施主はビル&メリンダ・ゲイツ財団[*4]、マイクロソフト社から退いたビル・ゲイツが00年に立ち上げた世界最大の非営利慈善団体だ。アメリカ国内やアフリカなど貧困国で環境、エネルギー、教育、医療などの分野に挑戦している。規模拡大に伴い、市内に散らばっていた社員を本拠地シアトルの中心部に集めるべく、新キャンパス建設計画が持ち上がっているという。そのランドスケープ・アーキテクトとしてGGNが世界の競合の中から選定されていた。

与えられた仕事は、12エーカーの敷地を対象にオープンスペースの取り方や建築配置の基本コンセプトを練るものであった。毎日スケッチやダイアグラムを必死に描いてはシャノンと一緒に建築担当の組織設計事務所nbbj[*5]に足を運ぶ日々が続いた。当時は所員も少なく、卒業して間もない自分でもデザインアイデアを出しやすい環境だったことも幸いして、入社して1カ月ほど経ったころ、晴れて正規雇用となった。

“Sky is Mine”——空は私のもの

ランドスケープ先進国のアメリカでも、業界における建築家の力は比較的強い。新しいプロジェクトが始まると勝手にランドスケープの絵を描き始めてしまう建築家も少なくない。キャサリン・グスタフソンの言葉のなかに「建物を一歩出た屋根のない空の下の空間、それはすべてランドスケープアーキテクトのデザイン領域である」という意味の「Sky is Mine」という力強いマニフェ

ストがあるが、所員は皆このことを意識し、建築家に対しても受け身になることなくプライドを持って仕事をしていた。

私が数々のプロジェクトで実践したのは、まずデザインをコントロールしている建築側のキーマンを早い段階で見抜くこと、そしてその人より先に手を動かして先手を取ることだ。若い日本人だから初めは大抵ナメられるが、伝えたいことがあればすぐに会議を申し込み、建築家特有の思考プロセスにうまく寄り添う形で粘り強く連携することを心掛けた。継続は力なり、それを積み重ねれば建築チームとも信頼関係が生まれ、向こうからデザインの相談を持ちかけてくるようになる。そこまで来ればデザイン作業の楽しさは一気に倍増する。

いくら建築の意匠やスケール感覚に長けていても、ランドスケープデザインにとってほんの数センチの高低差が歩行者に与える影響を正しく理解できる建築家は少ない。ランドスケープアーキテクトは、屋外空間の水平的

な広がりのなかで人の経験を豊かにできる唯一の職能だという点において魅力的だ。

ゲイツ財団キャンパスプロジェクト

GGNに在籍した7年間、〈ゲイツ財団キャンパス〉プロジェクトを通して一番長く仕事を共にしたシャノンは、感覚派のキャサリンと比べると、より綿密なロジックの組み立てを重んじるタイプだった。彼女から学んだのは、徹底した敷地分析から生まれる明快なコンセプトを基にデザイン手法にルールを与え、それを関係者と共有することの大切さだ。そうすることで複雑なデザインプロセスもスムーズに進められる。当たり前のように聞こえるが、これがなかなか難しい。

〈ゲイツ財団キャンパス〉では、まずGIS（地理情報システム）や、図書館で借りてきた資料から関連データを集め、敷地の歴史や地理特性を事細かに調査・分析しながら毎日チームと議論を重ねた。そのなかで、近代化とともにアスファルトの駐車場へと姿を変えてしまった敷地がかつては肥沃な湿地帯であったことを知ると、シャノンはその原風景をこの地に復元することを大きなコンセプトに掲げた。さまざまな在来種で覆われた敷地の中央に大きな湿地（水景）を配し、それに浮かぶように全社員が集まってコラボレーションできる大きなプラザ空間を設けることで、場所の記憶を感じながら働くことができる。初めは相手の顔の見えない電話や大勢の前で自分の意図を英語で伝えることの難しさに苦しんだ私も、打ち合わせ時にはこの明快なコンセプトをわかり易くダイアグラムにした紙を必ず持参して参加者全

サンセットを臨むオフィスの窓際

GGN オフィス。ピュージェット湾に張り出す埠頭Pier55に建つ倉庫を改修した建物の3Fに位置する

シアトルダウンタウンのスカイライン。手前左が〈ゲイツ財団キャンパス〉、右にはスペースニードルが見える（©Timothy Hursley）

員に配り、自らの口で説明することを繰り返すうち、徐々に自信がついていった。ランドスケープ側からチームを誘導して一体感を与える感覚を初めて体験できたのもこのころだ。

施主側の最終意思決定者であったメリンダ・ゲイツのデザインに対する要求は高く、なかなか前に進めない時期もあった。シャノンからデザインワークをメインで任されるようになった私は、建築家が悩みながら生み出す複数案に対して、それぞれに見合った空間配置、動線、造成、植栽などのランドスケープ案を複数パターン提示し、建築とランドスケープを掛け合わせた形で説明することを実践した。こうすることで各案の長所・短所を建築的な意匠だけでなく、周辺との調和やパブリックに対する貢献という観点からもロジカルに浮かび上がらせることができ、論理派の施主には非常に有効であった。最終的には、世界に向けて手を差し伸べることを表したブーメラン型の高層棟と、地域社会に根差した団体であることを現した周辺道路に面する形で構成された低層部とランドスケープによって、「Local Roots, Global Mission」というゲイツ財団の企業理念をわかりやすく構成した案が承認された。

こうして大きなマイルストーンを乗り越えるとデザイナー同士の信頼関係は一層深まり、施主も建築チームも、最後まで私のチームを、異分野間をつなぐ「媒体」として尊重してくれた。クライアントの高い要求に応えるべく、都市計画、建築、土木、交通、構造、設備、防犯、生態、地質、照明、アートなど本当に多くの専門家と、そして何よりシャノンをはじめGGNの仲間たちと過ごした濃密でかけがえのない時間が、ランドスケープアーキテクトとして社会に貢献することの面白さを教えてくれた。

〈ゲイツ財団キャンパス〉の現場監理のようす。右は桟橋（遊歩道）のディテール

相手へのリスペクト

GGNでは全米各地で大小さまざまな案件を担当させてもらったが、なかでもフォスターやピアノといった一流建築家との協働はこれ以上ないエキサイティングな経験となった。特にフォスター事務所とGGNのデザインとは相性が良く、多くの仕事で協働したが、印象的だったのは優秀な建築家ほどランドスケープアーキテクトという職能に対してオープンマインドなこと。こちらの意見を尊重してくれるのは自分の専門性に自信があるからだろう。何より異なる人や分野が交わる多様性からしかよいものは生まれないことを信じている。こうした経験を通して、今の自分のデザインに対する姿勢の根底にある、自分の周りを取り巻く近接分野の人たちに対するリスペクトの大切さを学んだ。

自分のデザインに対する考え方が、少しずつ会社に評価されると、最後の数年は会社の半分の案件でデザインの方向性を決定できるリーダーとしての役割を担わせてもらえた。自己主張の強いアメリカ人をチームとしてまとめるのには苦労も多かったが、まずは相手の話に耳を傾け、そのうえで自分の意図をしっかり伝えるコミュニケーションを押さえればなんとかなるものだ。

シアトルのライフスタイル

ピュージェット湾、ワシントン湖、ユニオン湖などの水系や、豊かな緑を構成する針葉樹林に囲まれた「エメラルド・シティ」シアトルは自然を身近に感じながらも洗練された都市生活が送れる全米でも住みやすい街として有名だ。スターバックス、ボーイング、マイクロソフト、アマゾンなどに代表される大企業も本社を置き、働きたい街としても選ばれるその環境の良さはランドスケープを仕事にするにも好環境である。

(次頁)〈ゲイツ財団キャンパス〉内部。大きな水景施設が中心のプラザとアトリウムを取り囲む(©Timothy Hursley)

実際、GGNでは週休2日制、9時半〜17時半まで1日8時間労働が基本である。プロジェクトの締め切り前でもない限り、皆18時にはオフィスを出て家族や友人との時間を大切にする。もちろん残業をすることもあるが、労働時間が週50時間を越えればその超過分は代休として使える。今思えば夢のような制度だった。ただ、その分、1日8時間に求められる仕事の質は高い。それを定時で成し遂げるために皆集中して仕事をする。そんなメリハリの効いた、オンとオフを使い分ける合理的なワークスタイルは、アメリカという国が誇れる強みのひとつだろう。

シビアでドライな競争社会

一方、シビアな面もある。会社と個人は対等な関係にあるとされるアメリカでは、日本企業のような年功序列、終身雇用の概念がない。給与に年齢は関係なく(そもそも社員同士はお互いの年齢を知らない)、個人のスキル

やパフォーマンスに応じて年俸制で支払われる。年に一度の契約更新の場で会社と社員がお互いにフィードバックを行い、社員は会社側の待遇が自分に合わないと思えば辞めていくし、逆に会社側も自社に合わないと思えば容赦なく解雇するというドライな関係。よって労働市場全体も流動的だ。

働き始めて4年ほど経った08年末、リーマン・ショックが起きた。しばらくして進行中の案件は次々に中断し、新規受注も途絶え、オフィス内には嫌な雰囲気が蔓延しはじめた。そんなある日、大部屋に全社員が集められるとパートナーたちから涙ながらに財務状況の悪化とレイオフの要旨説明があった。自席に戻ると、苦楽を共にした同僚の数人がオフィスから姿を消していた。

帰国

11年夏、7年越しで担当した〈ゲイツ財団キャンパス〉がついに竣工を迎えた。御影石が敷き詰められたプラザの上を行き交う人々、シマトネリコの木陰の下の木製のテーブルで打ち合わせをするグループ、水面を渡るボードウォークのベンチで風を感じながら読書をする人、水面から伸びるヨシの隙間を泳ぐアヒルの親子など、さまざまなシーンがキャンパス内で展開するのを眺めながら、この瞬間を見るためにデザイナーは日々仕事をしているのだろう、とこれまで感じたことのない達成感が込み上げた。

竣工後、就労ビザの2回めの期限が翌年に迫っていた。会社側は「グリーンカード（永住権）取得をサポートするからGGNに残らないか？」と打診してくれたが、20代前半で渡米して約10年、アメリカ流の良くも悪くも合理的なモノの見方・考え方が自分のスタンダードになっていくにつれ、どこか自分のアイデンティティのようなものを意識し始めていた私は、シャノンに、「ビザが切れたら日本に帰って新たなスタートを切りたい」と伝えた。プロジェクトの節目を迎えたこと以外に、ニュース

〈ゲイツ財団キャンパス〉内部。水景と植栽に囲まれた中央プラザでのリラックスした打ち合わせ風景（©Timothy Hursley）

を通して東北の震災や景気低迷で元気がなく見えた故郷「日本」のことが単純に気になっていたのだと思う。

シアトルでは、生活者の都市や建築に対する意識の高さ、地元の自然を大切にする精神、分野や立場を越え官民学が一体となって生活の質を上げようとする社会の成熟度を体感してきた。その貴重な経験をいつか日本のまちづくりに活かしたい。一番の理解者でいてくれたシャノンをはじめ、会社側はこの思いを尊重してくれた。

近接分野をつなぐアーバンデザイン

日本に帰ると、GGNとは対照的に、日建設計という1世紀以上の歴史を誇るマンモス企業に入社した。友人や家族には日本の会社でやっていけるのかと心配されたが、日本発信でグローバルに活躍できそうな可能性を信じた。そしてまずは気負わずに日本のスタイルを知ることから始めよう、と。確かに独特の慣例に面食らうこともたびたびだが、チームプレイを心掛けてなんとかやれ

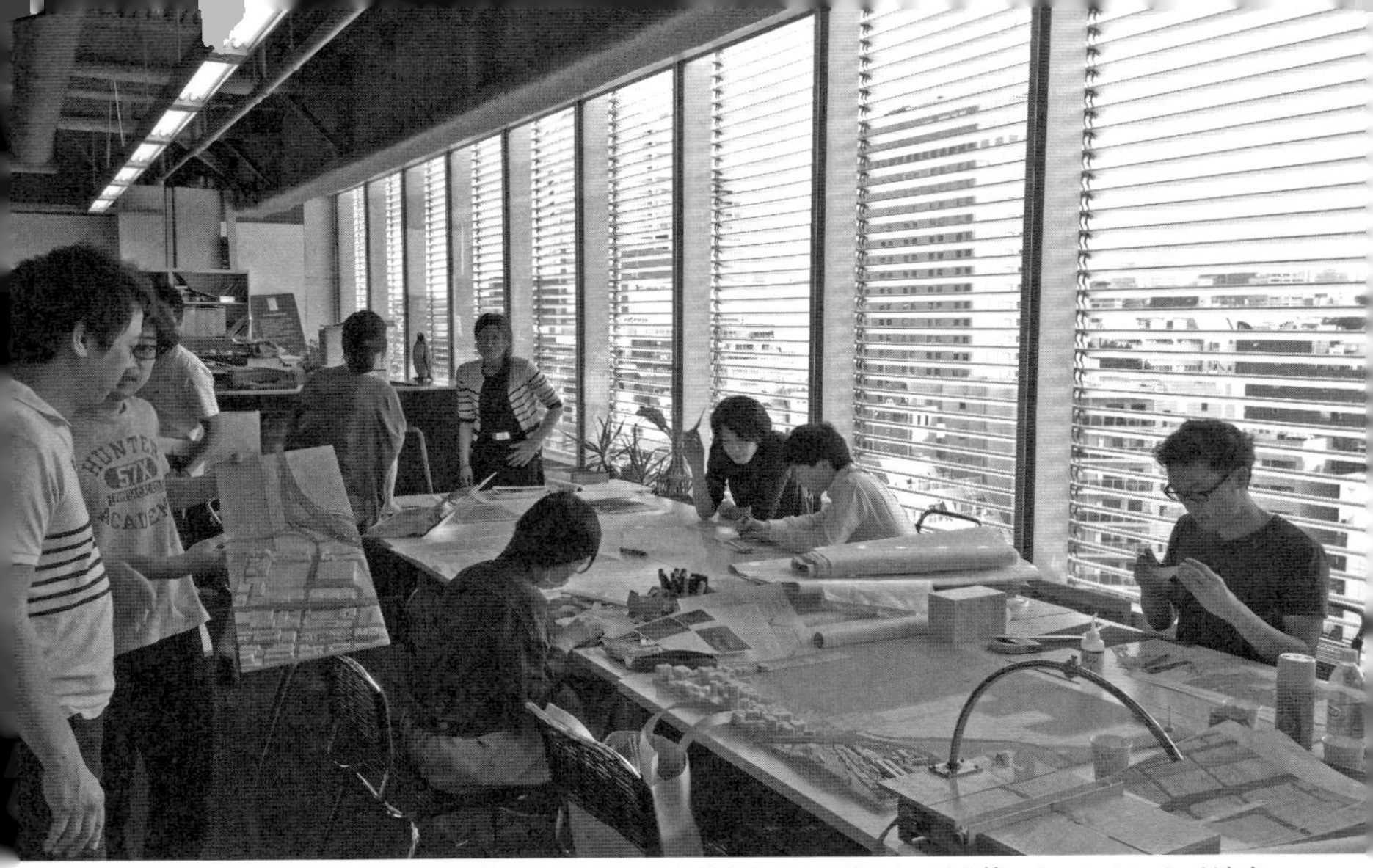

日建設計都市デザイン部の打ち合わせスペース。さまざまなバックグラウンドを持つチームメンバーがあちこちでセッションを繰り広げる

ている。

今は、建築、ランドスケープに続く「都市デザイン」という三つめの新たな分野に挑戦中だ。普段の実務では、設計段階に入る前の川上での都市的な仕事が主だ。施主は中央政府、地方自治体、三セク、不動産デベロッパー、商社、鉄道会社などさまざまで、一緒に仕事をするパートナーも社内外のプランナーやデザイナー、エンジニアに限らず、事業コンサルや総研のアナリストといった一見建築業界とは無縁そうな異分野の人も多い。

具体的に扱う空間のスケールも格段に大きくなった。数haの複合開発から数十㎢におよぶ、数字だけではイメージできない都市政策的な仕事まである。

このように、多種多様な関係者が複雑に絡む、スケールの大きな現場で、アーバンデザイナーの役割は何か。その定義は実のところあいまいだが、私は都市計画、建築、ランドスケープという三つの近接分野の交流を促す触媒として重要な役割を果たし得ると思っている。

中国Nプロジェクト。新たな都市開発の中央には数十haにおよぶ立体都市公園を提案。都市、土木、建築、ランドスケープが一体となった魅力的なパブリックスペースの整備を目指している(©Nikken Sekkei / Methanoia)

鍵はパブリックスペースにある

東京で暮らし始めたが、家族と余暇を気持ちよく過ごせるお気に入りのパブリックスペースはまだ少ない。有料のカフェやレストランは快適で美しいが、それらをつなぎ合わせる無料で使えるパブリックスペースには座るところも少なく居心地が悪い。

しかし、都市生活の豊かさを追求するにはパブリックスペースの質こそがカギになる。縮小時代を迎える日本では、社会の関心が建物と建物のあいだの空間(公園、広場、街路、橋、駅など)にシフトし、その量や質の改善を促進する新制度が開発されることを期待したい。日建設計でも20年に開催される東京オリンピック以後の成熟都市・東京について考える研究会が立ち上がり、パブリックスペースをテーマのひとつとして取りあげ始めた。

海外でも日本でもまちを歩き、肌で感じながら、過去や未来を想像するのは面白い。道路、公共交通、建物、水系、公園などのオープンスペース、それらのレイヤーを重ね合わせて、未来像を組み立てる。そのプロセスは答えのない複雑なパズルのようだ。難しいがやりがいもある。私はアメリカに渡って日本のよいところも悪いところも見えた。また建築からランドスケープ、そして都市デザインへと領域を渡り歩いたことでデザインが前以上に好きになれた。領域を越えたからこそ得られたこの視点を大切に、都市での暮らしをより快適で豊かにすることに貢献していきたい。

〈注〉

＊1 ダン・カイリー（Daniel Urban Kiley, 1912–2004）：アメリカの造園家、ランドスケープアーキテクト／環境デザイナー。幾何学的な構成手法を近代建築の作品に活かした。ケビン・ローチやエーロ・サーリネンら建築家との協働も多い。

＊2 キャサリン・グスタフソン（Kathryn Gustafson, 1951–）：１９９９年２人のパートナーと共にグスタフソン・ガスリー・ニコルをシアトルに設立。欧州、北米、アフリカ、東南アジア、中東でプロジェクトを手がけ高い評価を得ている。代表作に〈ダイアナ妃メモリアル〉（ロンドン）〈ウェストガスファブリーク文化公園〉（アムステルダム）〈ベイ・イースト〉〈ガーデンズ・バイ・ザ・ベイ〉（シンガポール）など。

＊3 シャノン・ニコル：ＧＧＮ設立パートナー。シアトルを代表するランドスケープアーキテクト。代表作に〈ノースエンドパーク〉（ボストン）〈ミレニアムパーク・ルリーガーデン〉（シカゴ）〈ビル＆メリンダ・ゲイツ財団キャンパス〉（シアトル）など。

＊4 ビル＆メリンダ・ゲイツ財団：マイクロソフト事業の一線から退いたビル・ゲイツと妻メリンダが自らの資産を世界の医療、教育、環境などの分野で慈善事業に使うため２０００年に立ち上げた世界最大の慈善団体。世界における病気。貧困への挑戦を主な目的としているが、特にアメリカ国内においては教育やＩＴ技術に接する機会を提供する活動を行っている。ワシントン州シアトルに本部を置く。

＊5 nbbj：シアトルに本社を持つグローバル建築組織事務所。１９４３年設立。環境に配慮したサステイナブルな都市計画や建築を得意とし、世界中で多くの建築作品を手がける。近年の建築・都市を通したイノベーションが高く評価され、建築事務所としては唯一世界経済フォーラムに名を連ねる。

あとがき

きみの立っている場所を深く掘り下げてみよ。泉はその足下《あしもと》にある。　ニーチェ[*1]

海外で学び、働くことには何か特別なプログラムが用意されているわけではない。大切なのは、自分が立つ場所とそこに流れる時間、出会った人間を最大限に生かして、自分を掘り下げることだと気づくまで、僕の場合は12年、随分と時間がかかった。

はじめて大海原に飛び出した時の不安と期待の入り混じった気持ち、仕事の喜びや格闘…、そうしたストーリーが16人分集まると特別な色彩を帯びた一冊の本となった。本書を通して都市・ランドスケープ領域というフィールドに興味を持っていただき、海外で仕事をする面白さを共有する仲間が一人でも増えることを期待している。

これからの時代、都市のパブリックスペースこそが、人々が住みやすく、健康的な生活をおくるための鍵になる。人々が求めているのは、これまでの都市にはない自然や余白であり、散歩や軽い運動をしたり、人と出会うことのできるパブリックスペースの機能と魅力を高め、生活の質を上げることが都市のサステイナビリティにもつながる。今や、世界中で、この見えない流れを感じることができる。道路空間に可変的なパークレットを作り出したり、まちなかの空地を暫定的に広場に変えたりと、新しいムーブメントがあちこちで起きている。

著者は、まさにそのパブリックスペース創成に取り組んでいる人たちばかりだ。多様なアプローチから、この見えない大きな流れも感じ取って頂ければ嬉しい。

子供のころ無心に砂地に深い穴を掘り続け、水を流し込んで遊んでいた僕も、気がつけば大人になり、土を動かしたり、水の流れをつくったり、木を植えることを仕事にしている。この未知の地面を掘り続けると、どんな泉が隠されているのだろうか？これからも、少しずつ、時間をかけて掘り下げ続けていきたい。

最後に、本書はたくさんの方々の協力によって出来ている。執筆のきっかけを下さった立命館大学の武田史朗氏、海外での仕事の経験を共有して下さった著者の方々、粘り強く、かつ的確な調律力を持って編集を担当して下さった学芸出版社の井口夏実氏、松本優真氏に心から感謝の気持ちを捧げたい。

２０１５年８月

福岡孝則

＊１：フリードリヒ・ニーチェ、白取春彦編訳『超訳 ニーチェの言葉』ディスカバー・トゥエンティワン、２０１０年

海外で建築を仕事にする2
都市・ランドスケープ編

2015年10月20日　初版第1刷発行

編著者…………福岡孝則
発行者…………前田裕資
発行所…………株式会社 学芸出版社
京都市下京区木津屋橋通西洞院東入
電話 075－343－0811　〒600－8216

装　丁…………フジワキデザイン
印　刷…………イチダ写真製版
製　本…………新生製本

ISBN 978-4-7615-2605-4